PiCa PaU2

피카파우 동물 친구들 2

1판 2쇄 펴냄 2023년 4월 10일

지은이 얀 쉔켈
옮긴이 조진경
감수자 박상숙
펴낸이 하진석
펴낸곳 참돌

주　소 서울시 마포구 독막로3길 51
전　화 02-518-3919
팩　스 0505-318-3919
이메일 book@charmdol.com
신고번호 제2011-000228호
신고일자 2011년 8월 11일

ISBN 979-11-88601-39-4 13630

- 이 책 내용의 전부나 일부를 이용하려면 반드시 저작권자와
  참돌의 서면 동의를 받아야합니다.
- 책값은 뒤표지에 있습니다.
- 잘못된 책은 구입하신 곳에서 바꿔드립니다.

ANIMAL FRIENDS OF PICA PAU 2 by Yan Schenkel
Copyright © 2020 Yan Schenkel
Original English Edition 2020 by Meteoor Books, Antwerp, Belgium
All rights reserved.
Korean translation copyright © 2020 by CHARMDOL
Korean translation rights are arranged with Meteoor bvba through AMO Agency..

- 이 책의 한국어판 저작권은 AMO에이전시를 통해 저작권자와 독점 계약한 참돌에 있습니다.
  저작권법에 의해 한국 내에서 보호를 받는 저작물이므로 무단 전재와 무단 복제를 금합니다.

피카파우 동물 친구들 2

- 알록달록 귀여운 손뜨개 인형 캐릭터 20선 -

얀 쉔켈 지음 · 조진경 옮김 · 박상숙 감수

차례

6	작가의 말
9	시작하기 전에
9	아미구루미 갤러리

10 도구와 재료

- 10 코바늘
- 12 사이즈
- 12 코바늘 사이즈 변환표
- 13 뜨개실
- 13 면사
- 13 모사
- 13 합성사
- 14 실의 무게

15 그 밖의 도구와 재료

16 장력: 게이지

18 코바늘뜨기의 기초

- 18 코바늘과 실 잡기(손 모양)
- 18 연필 그립
- 18 나이프 그립
- 18 실 잡기

18 뜨기법

- 19 매듭지은 고리
- 19 사슬뜨기
- 20 기초사슬코
- 20 기둥코
- 20 코바늘 넣기(코바늘을 넣는 위치)
- 21 빼뜨기
- 21 빼뜨기로 사슬고리 연결하기
- 22 짧은뜨기
- 22 평면뜨기
- 23 나선형뜨기
- 23 V-짧은뜨기와 X-짧은뜨기의 차이
- 24 긴뜨기
- 24 평면뜨기
- 26 한길긴뜨기
- 26 평면뜨기
- 27 한길긴뜨기 5코 구슬뜨기
- 28 멍석뜨기
- 28 평면뜨기
- 29 바스켓 스파이크 뜨기
- 29 스파이크 짧은뜨기
- 29 나선형뜨기
- 30 짧은 앞뒤 걸어뜨기
- 31 코 늘리기와 코 줄이기
- 31 코 늘리기
- 31 코 줄이기
- 32 나선형뜨기
- 32 실고리로 원형코 만들기
- 34 기초사슬코로 타원형뜨기
- 35 실 색깔 바꾸기와 실 연결하기
- 36 자카드 무늬 뜨기와 태피스트리 뜨기
- 37 마무리하기
- 37 편평한 편물의 실 끝 정리하기
- 37 솜을 넣은 편물의 실 끝 정리하기
- 38 자수
- 39 편물 연결하기(바느질)
- 39 구멍을 막지 않은 편물에 연결하기
- 39 구멍을 막은 편물에 연결하기

40 코바늘뜨기의 용어와 기호
- 40 패턴 읽기

42 20가지 캐릭터 동물 인형

- 44 코알라 로건
- 50 거북이 다윈
- 56 고양이 사쓰키
- 62 라쿤 마리오
- 68 꿀벌 애거사
- 74 부엉이 뉴턴
- 80 나무늘보 오티스
- 86 얼룩말 헨리에트
- 92 코끼리 루이자
- 100 바다표범 앤더슨
- 106 오리 제임스
- 112 바닷가재 필립
- 120 거미원숭이 루피타
- 126 작은개미핥기 몬티
- 134 염소 하비에르
- 140 호랑이 니라
- 146 사자 세바스티안
- 154 갈기늑대 토마스
- 162 어린 양 아다
- 168 사슴 엘레나

175 감사의 글

작가의 말

제가 세 번째 책을 썼다니, 지금도 믿을 수 없습니다. 꿈만 같아요. 그런데도 '작가의 말'을 쓰기는 여전히 힘드네요. 글로 옮기고 싶은 생각이 정말 많습니다. 고마운 마음과 흥분된 감정이 뒤섞여 있어요. 도와주신 분들에 대하여 눈물이 날 정도로 '감사'한 마음과 내 할 일은 끝(정말 그럴까요?)이라는 안도의 마음이지요. 또다시 롤러코스터를 탄 것 같네요.

이 부분은 깔끔하고 간단하게 쓰는 것이 좋겠죠. 하지만 제가 이 책의 영업을 하는 것도 아니고 저한테는 이 책이 큰 의미가 있기 때문에, 자칫하면 속마음을 털어놓을 것 같아요. 그러지 않으려고 노력했지만, 여러분이 이해해주세요.

이전 책에서 코바늘뜨기에 얽힌 제 이야기를 썼어요(그 책이 없으시다면 당장 구입하세요! 결국 영업을 하게 되네요). 저는 코바늘뜨기 책을 쓰기 시작할 때면, 어서 작품을 만들어서 여러분에게 소개해야겠다는 마음을 주체할 수 없어요. 이 책을 쓰기 시작했을 때 저는 임신 4개월이었어요. 셋째 아이였지요. 당시에 스트레스와 두통, 수면 부족 때문에 많이 힘들었습니다. 다시 엄마가 된다는 기쁨에는 이런 괴로움이 수반하기 마련이지만, 가끔은 코바늘뜨기와 책 쓰기 작업을 하기가 힘들던 때도 있었습니다. 하지만 거기에서도 교훈을 얻을 수 있었습니다. 벽에 부딪혀서 좌절감을 느낄 때 정말 큰 추진력을 얻을 수 있다는 것이죠. '나는 이 문제를 해결할 것이다'라고 스스로 생각하면서 내면의 에너지가 솟아나는 것을 느낄 수 있습니다. 그렇게 우리는 코바늘뜨기와 인생에서 앞으로 나아가는 법을 배웁니다.

북미에서 코미디언, 작가, 프로듀서 등으로 다양한 활동을 하는 티나 페이의 책 내용이 기억납니다. 페이는 TV 코미디 쇼에서 자기 역할을 하는 동안 받는 스트레스에 대하여 이야기했죠. 끝없는 작업 시간, 다른 사람의 기대치를 가장 먼저 생각해야 한다는 데서 그녀가 느끼는 욕구와 불안을 책의 곳곳에서 볼 수 있습니다. 또 자신의 스트레스 수준을 바쁜 금요일 밤에 패스트푸드 음식점이나 광산에서 힘들게 일하는 사람들의 스트레스 수준과 비교하기도 했습니다. 그녀는 불평을 해도 괜찮다는 생각으로 그랬겠지만, 그보다 스트레스가 훨씬 많은 일들이 잔뜩 있습니다. 저도 종종 같은 기분이 듭니다.

사람은 누구나 최선을 다하려고 노력합니다. 특히 자신의 세계가 어디까지인지 끊임없이 시험하는 아이들(또는 자기 자신)의 어마어마한 요구를 들어주기 위해 정말 최선을 다합니다. 그래서 사람들이 알아주지 않아도 열심히 일하는 모든 분들을 다음과 같이 크게 격려하려고 합니다. "여러분은 훌륭한 일을 하고 있습니다. 여러분이 보여주거나 말하지 않아도 항상 놀라운 노력을 하고 있다는 것을 우리가 압니다."

멀리서 보면 제 일이 아주 낭만적일 수 있습니다. 하지만 여러분의 그런 생각 때문에 저는 힘듭니다. 주변 여건과 상관없이, 좋을 때나 나쁠 때나 일이 아주 많기 때문이죠. 소셜 미디어에는 예쁘게 손질한 손으로 우아한 갈고리 손잡이를 잡고 있는 목가적인 사진이 올라갑니다. 하지만 그것은 실상에서 완벽한 커피잔만 프레임으로 잡은 사진이죠. 아주 화려한 뜨개실과 양전한 애완동물, 숭고해 보이기까지 하는 빛이 완벽한 필터가 되어 온종일 촬영을 하느라 아픈 허리, 할 일과 씨름하면서도 아이들을 재미있게 해주느라 지친 모습을 가려줍니다. 그러나 현장에는 사진에 잡히지 않은 이런 것들이 분명히 있답니다!

이렇게 저한테 잘 맞는 일을 할 수 있게 돼서 얼마나 감사한지 모릅니다. 이 일 덕분에 독특한 작품을 디자인하고 코바늘로 만들어냄으로써 창의력을 발휘하고, 전 세계의 멋진 사람들을 만나고, 가족들을 부양할 수 있게 되었죠. 저는 아르헨티나 출신이기 때문에 제 감정을 마음껏 표출합니다(우리나라에서는 투덜거리는 것도 국민 스포츠거든요). 하지만 가끔씩은 우리 집이 말도 안 되게 많은 뜨개실과 동물 인형에 점령당했다는 사실에 기분이 좋습니다. 여러분이 사랑과 응원을 담아 보내주신 메시지를 보면 정말 행복합니다. 여러분이 직접 만든 작품을 뽐내고 그 과정에서 느낀 성취와 기쁨을 사람들과 공유할 때 저는 말로는 표현할 수 없

을 정도로 뿌듯합니다(제가 장황하게 쓴 이 글을 읽으면서 여러분은 '말로 표현 못한다'고 말하지 않겠지만요). 이렇게 서로를 응원해주는 대규모의 공예 그룹의 일원이라는 점에 감사합니다. 제게 조언을 구하는 분 또는 그냥 제가 어떻게 하는지 보려고 체크하는 분, 그리고 친절한 말을 전해주시고 새 패턴을 시험하거나 또 다른 패턴을 글로 옮기는 데 도움을 주는 분들께 고마운 마음을 전합니다. 또 저와 같은 집에 사는 가족은 물론 많은 친인척에게도 감사드립니다. 그분들은 매일 저를 격려해주셨어요. 여러분이 좋아해주실 캐릭터 동물들을 만드는 이 놀라운 일을 계속 하라고요. 그러니 부탁드립니다. 이 책을 보며 실컷 즐기세요. 이 책이 여러분의 손에 간다면 정말 기쁠 겁니다! 제 안에 있는 괴짜 기질은 절대 지치지 않아요. 그래서 이 책이 〈제국의 역습〉처럼 훌륭한 2편이 되길 바랍니다(영화 〈스타워즈〉 6부작에 비유하자면, 두 번째 에피소드인 〈클론의 습격〉보다는 제작 시기 면에서 두 번째 작품인 〈제국의 역습〉을 말하는 거예요). 부디 이 책을 즐겨주세요!

시작하기 전에

이전의 책과 마찬가지로, 이 책도 코바늘뜨기를 배워가는 여정으로 계획했습니다. 캐릭터마다 약간의 도전 과제를 추가해서 마지막에 가면 만들고 싶은 것은 무엇이든 뜰 수 있게 되는 것이죠. 제가 동물 인형을 만드는 방법, 비결… 그리고 약간 미심쩍기는 하지만 습관을 알려드릴게요. 저는 코바늘을 잡을 때 나이프처럼 잡아요(사진에서는 보기가 좀 안 좋죠). 그리고 X-짧은뜨기 같은 뜨기법은 제 마음대로 뜹니다. 또 얼굴에 주둥이부터 붙여놓은 후에 몸통에 솜을 채우는 편이에요. '은근슬쩍' 코를 줄이는 건 좋아하지 않아요. 하지만 이런 것들은 어디까지나 제 방식입니다. 여러분은 언제든 또 다른 방법을 알아내어 제 것과 똑같은, 아니 그보다 나은 작품을 만들 수 있습니다.

아미구루미 코바늘뜨기에 필요한 기법을 모두 알고 있거나 대담한 분이라면, 만들고 싶은 캐릭터를 바로 시작하셔도 됩니다. 그러나 코바늘뜨기를 이제 막 시작했거나 자신 있는 수준이 아닌 분의 경우에는 제시된 순서대로 캐릭터를 만드는 것이 좋습니다. 순서대로 만들다보면 패턴마다 새로운 기법을 추가로 배우게 됩니다. 그래서 다음 캐릭터에서는 새로운 기법을 배울 때 필요한 모든 것을 아는 상태에서 좌절하지 않고 시작할 수 있어요. 여러분의 즐거운 여정을 위해 제가 생각해낸 방법이랍니다. 여러분이 늘 잊지 말아야 할 사실이 있어요. 사용하고 있는 도구와 재료만큼(아니 그보다 더) 중요한 것은 인내심을 갖고 집중해서 만들어야 한다는 것입니다. 미리 알려드려야 할 것이 있네요. 완성된 동물 인형이 상당히 크다는 것입니다. 사용하는 뜨개실이 꽤 두껍기도 하고, 또 제가 자세히 들여다보지 않아도 될 정도로 크게 만드는 걸 좋아하거든요. 주색으로 사용한 실은 모두 100그램이 안 되게 필요하고, 보조색은 소량만 사용했습니다. 하지만 실의 색깔은 여러분 마음대로 써도 됩니다. 저는 대부분의 작품에 우스티드 실 면사를 사용했지만, 면사나 아크릴사, 모사 등 원하는 대로 사용하시면 됩니다(단, 실에 맞는 코바늘을 사용해야 한다는 점은 꼭 기억하세요). 모든 패턴은 다른 패턴의 시작이 될 수 있습니다. 그러니까 패턴을 자유롭게 활용하고, 원하는 대로 수정하고, 또 필요에 맞게 바꿔보세요. 무엇보다도 중요한 것은 코바늘뜨기를 즐기라는 것입니다. 살다보면 스트레스 받을 일이 너무 많고 인생의 굴곡도 겪게 되죠(우리도 뜨개질을 하다가 실패한 일들이 꽤 있잖아요). 하지만 뜨개실과 코바늘을 잡고서 포근하고 예쁜 동물 인형을 만들며 마법을 일으키세요. 분명 즐거운 시간이 될 거예요.

아미구루미 갤러리

패턴마다 해당 캐릭터의 온라인 갤러리로 연결되는 URL이나 QR 코드를 넣었습니다. 여러분이 완성한 아미구루미를 그곳에 올려주세요. 그리고 다른 사람들은 어떤 색을 사용했는지 보면서 아이디어도 얻고 뜨개질의 재미를 즐기세요. 링크에 직접 연결하거나 스마트폰으로 QR 코드를 읽으면 됩니다. iOS 폰의 경우 카메라로 QR 코드를 찍으면 자동 스캔합니다. 안드로이드 폰은 QR 리더 앱을 설치해야 할 수도 있습니다.

도구와 재료

코바늘뜨기를 잘하는 사람이라면 누구나 좋아하는 도구와 재료가 있고, 항상 피해야 할 것과 가장 좋은 기법에 대하여 잘 알고 있습니다. 물론 인생사가 그렇듯이, 사람들의 의견이 항상 일치하지는 않죠. 사람마다 자기 취향과 관점이 있어요. 하지만 기본 도구와 뜨개실만 있으면 거의 모든 것을 만들 수 있다는 것이 코바늘뜨기의 가장 좋은 점이라는 데는 이견이 없을 듯합니다. 단, 한 가지만 명심하세요. 품질 좋은 코바늘과 뜨개실을 사용하면 실패해서 좌절할 시간을 줄일 수 있다는 것이죠. 그러니까 될 수 있는 대로 양보다는 질을 선택하세요. 코바늘과 바늘은 잃어버리기 쉬우므로, 늘 대체품을 구비해두세요. 특히 즐겨 사용하는 것은 꼭 여유분을 준비해두세요.

코바늘

주의: 제가 시중에 나온 코바늘을 모두 사용해본 것은 아닙니다. 그리고 어떤 코바늘이 여러분에게 가장 좋을지 정확하게 판단할 수도 없고요. 그것은 여러분이 직접 해봐야 하는 과정입니다. 그렇다고 여러분을 아무것도 모르는 상태로 두고 싶지는 않았어요. 그래서 제가 11년 동안 코바늘뜨기로 동물 인형을 만들면서 알게 된 것들을 알려드리려고 합니다.

여기에서는 사이즈는 별도로 하고 다양한 소재의 코바늘을 소개합니다. 어떤 소재를 선택하느냐는 각자의 취향에 따라 달라집니다. 하지만 면사를 사용할 경우에는 **스테인리스스틸**이나 **알루미늄**으로 된 코바늘을 사용하는 것이 좋습니다. 알루미늄 코바늘은 코와 코 사이를 매끄럽게 다닐 수 있고, 아주 가벼우며, 사이즈도 아주 다양하게 나와 있어서 좋습니다. 가장 가는 알루미늄 코바늘(4mm 미만)은 조금만 힘을 주어도 잘 휘는데, 이런 일은 뜨개질을 아주 쫀쫀하게 할 때 생깁니다. 이를 방지하려면 손잡이가 실리콘이나 플라스틱, 나무, 대나무로 된 코바늘 또는 스테인리스스틸 코바늘을 고르세요(저는 개인적으로 약간 힘하게 다루기 때문에 스테인리스스틸 코바늘을 선호하는 편이에요).

나무와 **대나무** 코바늘은 보기에 아주 근사하고, 마감 처리가 정말 매끄럽게 된 브랜드도 있습니다. 하지만 두툼한 실을 사용하거나 코를 느슨하게 뜨는 작품을 만들 경우에만 사용하는 것이 좋아요. **플라스틱**과 **아크릴** 코바늘도 마찬가지로 티셔츠 얀처럼 두툼한 실을 사용할 때 종종 사용됩니다. 하지만 별로 튼튼해 보이지 않아서 저는 사용해본 적이 없습니다.

소재 외에도 코바늘의 **구조**를 확인하는 것이 좋습니다. 저는 끝이 둥글고 뭉툭하며, 가장자리가 거칠지 않은 코바늘을 선호합니다. 그래야 뜨개실을 가르지 않고 코와 코 사이를 매끄럽게 다닐 수 있어요. 또 코바늘의 목도 주의해서 보세요. 사실상 코바늘뜨기는 이 부분으로 실을 걸어서(잡아채서) 코와 고리 사이로 잡아 빼는 거예요. 바늘 목은 뜨고 있는 실을 놓치지 않을 정도로 크고 이전에 만든 고리가 빠지지 않을 정도로 작아야 합니다. 동물 인형을 뜰 때는 코바늘을 실에 맞는 사이즈보다 두세 사이즈 작은 것으로 사용하기 때문에 이 점이 특히 중요합니다.

또 하나 유념해서 살펴야 할 곳은 **손잡이**입니다. 이 부분은 정말 사람마다 달라요. 저는 코바늘을 나이프 잡듯이 잡기 때문에(18쪽 참조) 손잡이가 크지 않은 코바늘을 즐겨 사용합니다. 하지만 연필 잡듯이 잡는 분이라면, 손잡이가 인체공학적으로 디자인되거나 고무로 된 코바늘을 선호할지도 모르겠네요.

코바늘은 펜과 비슷합니다. 아무 코바늘이나 사용하다가 인생 코바늘을 찾게 되실 수 있어요. 약간 극적이죠? 하지만 정말입니다. 코바늘로 여러분의 인생이 바뀌지 않는다 해도, 여러분의 뜨개질 방법은 바뀔 거예요. 특히 뜨개질을 하루 종일 하시는 분은 틀림없어요.

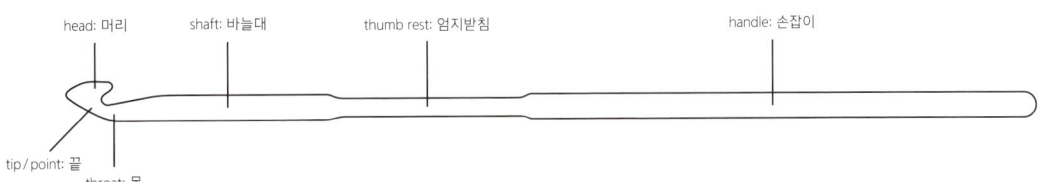

head: 머리　　shaft: 바늘대　　thumb rest: 엄지받침　　handle: 손잡이

tip / point: 끝
throat: 목

사이즈

코바늘 사이즈의 기본 내용을 말하자면, 실이 두꺼울수록 코바늘이 커야 하고, 코가 크게 만들어집니다. 느슨하게 뜰 경우에는 권장 사이즈보다 작은 코바늘을 사용해야 편물을 쫀쫀하게 만들 수 있습니다. 반대로 쫀쫀하게 뜰 경우에는 큰 코바늘을 사용해야 편물이 편안해집니다. 뜨개질을 할 때 편안한 사이즈의 코바늘을 사용해야 원하는 결과물을 얻을 수 있어요. 사람마다 자신에게 '자연스러운' 장력이 있기 때문에 그것을 바꾸기보다는 코바늘의 사이즈를 바꾸는 것이 더 쉽습니다.

코바늘 사이즈는 나라마다 표시 방식이 다른데, 숫자나 문자 또는 그 둘을 조합하여 표시됩니다. 아래 표는 가장 널리 사용되는 세 가지 방식, 즉 미터식, 영국식, 미국식을 정리한 내용입니다. 이 책에서는 미터식과 미국식을 함께 사용합니다.

코바늘 사이즈 변환표

미터식	영국식	미국식
2mm	14	-
2.25mm	13	B-1
2.5mm	12	-
2.75mm	-	C-2
3mm	11	-
3.25mm	10	D-3
3.5mm	9	E-4
3.75mm	-	F-5
4mm	8	G-6
4.5mm	7	7
5mm	6	H-8
5.5mm	5	I-9
6mm	4	J-10
6.5mm	3	K-10.5
7mm	2	-
8mm	0	L-11
9mm	00	M-13
10mm	000	N-15

뜨개실

양모, 면, 노끈, 리본, 직물, 가죽, 와이어 등 실로 만들 수 있는 재료는 거의 모두 뜨개실로 쓸 수 있습니다. 심지어 비닐봉투나 종이도 가능합니다. 모든 종류의 실이 각각 장단점을 갖고 있습니다. 여러분이 직접 다양한 재료를 실험해보세요. 어떤 실이 가장 좋고 작품에 가장 적합한지 알아내고 찾아내는 것이 가장 좋은 방법입니다.

뜨개실은 항상 품질 좋고 촉감이 좋으며 편안하게 뜨개질할 수 있는 것으로 구입하세요.

면사

면사는 인형을 뜰 때 가장 널리 사용되는 실이며, 제가 볼 때 가장 좋은 결과를 낼 수 있는 실입니다. 섬유소로 만든 천연 식물성 실이죠(면사 외에 식물성 섬유로 만든 실은 아마, 황마, 레이온, 대나무, 삼이 있어요). 저자극성 소재라는 장점 외에 내구성이 뛰어나고, 세탁이 수월하며, 아주 부드러운 특성이 있죠. 또 색상 선택의 범위가 넓습니다. 면사는 사실상 탄력성이 없기 때문에 모양을 유지해야 하는 동물 인형을 만들 때 분명 탐낼 만한 실이에요. 하지만 탄력성이 없다는 것은 단점으로도 작용합니다. 코바늘을 매끄럽게 움직일 수 없으며, 여러 가닥으로 만들어져서 코바늘 때문에 올이 풀어질 수 있습니다.

종류로는 '투박하고' 불투명한 면사, 광택 가공 면사, 콤브드 면사(짧은 섬유질을 없애고 강도와 부드러움을 높이기 위해 소모 가공을 한 실) 등 다양한 방식으로 제조된 면사가 있어요.

모사

또 다른 천연 섬유로 단백질 섬유가 있습니다. 양모, 알파카, 앙고라, 모헤어 같은 동물의 털이나 실크 같은 곤충의 분비물로 만든 섬유죠. 단백질 섬유 실은 식물성 섬유로 만든 실보다 탄성이 좋기 때문에, 동물 인형을 만들면 시간이 지나면서 모양이 흐트러질 수도 있어요. 초보자라면 (앙고라와 모헤어처럼) 털이 많은 실은 피해야 합니다. 털 때문에 편물의 구조가 잘 보이지 않아서 코바늘을 넣어야 할 곳을 알아보기 힘들기 때문이에요.

합성사

폴리머로 만든 합성사는 일반적으로 질감과 촉감이 동물성 섬유와 비슷합니다. 가격이 저렴하고 코바늘을 매끄럽게 움직일 수 있지만, 일부 합성사는 보풀이 생겨서 뭉치고 정전기가 생기는 경향이 있어요. 하지만 색상이 정말 다양하기 때문에 동물 인형을 만들 때 가장 일반적으로 사용됩니다. 저는 개인적으로 광택 있는 실을 별로 좋아하지 않지만, 어디까지나 개인의 취향일 뿐입니다.

실의 무게

실의 무게란 사실상 실의 두께입니다. 달리 말하면 무게와 길이 사이의 관계라고도 할 수 있어요. 예를 들어 레이스에 사용되는 슈퍼 파인 실은 100그램이 약 800미터지만, 아주 두툼한 담요에 사용되는 점보 실은 100그램이 100미터가 채 되지 않습니다. 국제적으로 대부분의 책과 뜨개실 제조업체들은 실 무게에 대한 표준 용어를 사용합니다. 실에 파일이 많다고 해서 그 실이 더 무거운 것은 아니기 때문에, 실 가닥 수(또는 겹)는 선택적으로 언급됩니다(실제로 팽팽하게 꼰 8겹실이 느슨하게 꼰 6겹실보다 더 가늘 수도 있어요).

번호	명칭	실의 분류	겹(ply)	100g당 길이(m)	권장 코바늘 호수(mm)
0	레이스	핑거링	1 - 2	600 - 800 이상	1.5 - 2.5
1	슈퍼 파인	삭, 핑거링, 베이비	3 - 4	350 - 600	2.25 - 3.5
2	파인	스포트, 베이비	5	250 - 350	3.5 - 4.5
3	라이트	DK, 라이트 우스티드 실	8	200 - 250	4.5 - 5.5
4	미디움	우스티드 실, 아프간, 아란	10 - 12	120 - 200	5.5 - 6.5
5	벌키	청키, 크래프트, 러그	12 - 16	100 - 130	6.5 - 9
6	슈퍼 벌키	슈퍼 벌키, 슈퍼 청키, 로빙		100 미만	9 이상
7	점보	점보, 로빙		100 미만	15 이상

주의 실의 무게와 코바늘은 항상 상관관계가 있습니다.
동물 인형을 만들 때는 (위 표의) 권장 코바늘 호수보다 2~3호 작은 코바늘을
사용해야 한다는 점을 꼭 유념해주세요.
안에 넣은 솜이 겉에서 비치지 않도록 편물의 조직이 치밀해야 하기 때문이에요.

그 밖의 도구와 재료

실과 돗바늘은 모티브끼리 연결하고, 조각들을 꿰매어 완성할 때 사용합니다. 끝이 뭉툭해서 실이나 코를 가르지 않고, 바늘귀가 커서 두꺼운 뜨개실도 꿸 수 있어요.

저는 **가위**에 관심이 많아요. 그래서 모양과 크기가 다양한 가위를 많이 갖고 있습니다. 작고 가벼우며, 끝이 뾰족한 가위를 고르세요.

스티치마커(콧수링)는 이름 그대로 코를 표시할 때 사용하는 도구인데, 그 모양과 특징이 다양합니다. 원형단이나 단, 어떤 위치를 표시할 때는 스티치마커 대신에 종이 클립이나 안전핀, 머리핀을 사용해도 됩니다. 원형뜨기를 할 때는 이전 원형단의 첫코(또는 마지막코)를 항상 표시해놓아야 합니다.

저는 **시침핀**을 많이 사용하지 않지만, 머리나 다리를 몸통에 연결할 때 사용하면 도움이 됩니다. 핀 머리가 플라스틱이나 유리구슬로 된 것으로 고르세요. 편물에 꽂았을 때 눈에 잘 띄고 머리가 커서 코와 코 사이에 묻히지 않아서 좋아요.

인형에 채우는 **솜**의 경우, 저는 항상 폴리에스테르로 만든 인조솜을 사용합니다. 쿠션 솜과 같은 것이에요. 수공예품점에서 쉽게 구할 수 있고, 가격도 저렴하며, 세탁이 가능하고, 저자극성이라 좋아요. 동물 인형에 솜을 넣는 것은 생각보다 까다롭습니다. 너무 많이 넣으면 편물이 늘어나서 솜이 비칠 수 있고, 또 너무 적게 넣으면 공기가 빠진 것처럼 인형이 볼품없어져요. 솜을 천천히 조금씩 넣어 적당한 모양으로 만드세요.

코바늘뜨기로 만든 동물 인형을 장식할 부재료는 다양합니다. 여러 가지 색상과 크기의 플라스틱 눈과 코, 단추, 나비넥타이, 리본 등이 대표적입니다. 저는 **플라스틱으로 된 나사형 인형눈**만 사용합니다. 나사형 인형눈은 앞에서 꽂는 로드 달린 부분과 안쪽에서 고정하는 와셔로 이루어지는데, 제대로 달면 사실상 뺄 수 없습니다. 그러므로 눈을 달기 전에 위치가 맞는지 꼼꼼하게 확인하도록 하세요. 아이가 고집이 세서 눈을 뜯어낼까봐 걱정이 된다면, 달기 전에 접착제를 조금 발라서 끼워주세요. 나사형 인형눈 대신에 눈코입을 자수로 놓아도 됩니다(특히 아이가 세 살 이하일 경우에 추천합니다).

장력: 게이지

게이지는 인치(또는 센티미터) 당 들어간 코와 단의 수입니다. 장력이라고도 하지요. 여러분이 뜨는 코의 크기는 실의 무게, 섬유, 바늘 호수, 그리고 여러분이 뜨개질을 하는 힘에 따라 달라집니다. 장력은 뜨개질 하는 사람의 기분에 따라서 하루에도 여러 번 바뀔 수 있습니다. 또 똑같은 실이라도 색상에 따라 게이지가 다르게 나올 수도 있어요. 그러므로 원하는 결과를 얻기 위해서는 견본과 작품에 사용하는 실의 종류, 색상, 코바늘 호수가 동일해야 합니다. 기분도 유지할 수 있다면 더욱 좋겠죠(여러분의 방법을 알려주세요).

동물 인형을 뜰 때는 게이지를 반드시 알아야 할 필요는 없고, 그냥 치밀한 편물을 만들 수 있는 코바늘을 사용하면 됩니다. 동일한 인형에 무게가 다른 실을 사용할 경우, 견본을 만들면 실패를 줄일 수 있습니다(인형 옷의 경우 더욱 그렇습니다). 견본은 주로 10×10㎝ 크기의 작은 조각을 코바늘로 떠서 만듭니다. 하지만 사람(또는 애완동물) 옷을 만들 때처럼 정확하지 않아도 되기 때문에, 견본을 작게 만들어서 10㎝에 몇 단과 몇 코가 들어갈지 계산해도 됩니다.

이 책에 소개된 캐릭터들은 피카파우 콤브드 코튼(Pica Pau Combed Cotton) 실로 만들었습니다(picapauyan.com에서 구입 가능). 그리고 이 게이지들은 패턴에 제시된 실과 코바늘로 뜬 것입니다.

피카파우 우스티드 실 100% 콤브드 코튼(볼 당 100g/170m)

- C-2/2.75㎜ 코바늘 사용, X자 모양 짧은뜨기로 평면뜨기, 10×10㎝(4인치) 20코와 22단
- C-2/2.75㎜ 코바늘 사용, X자 모양 짧은뜨기로 원형뜨기, 10×10㎝(4인치) 21코와 22단
- C-2/2.75㎜ 코바늘 사용, 긴뜨기로 평면뜨기, 10×10㎝(4인치) 18코와 15단

피카파우 핑거링 실 100% 콤브드 코튼(볼 당 50g/220m)

- C-2/2.75㎜ 코바늘 사용, 2가닥 사용하여 X자 모양 짧은뜨기로 원형뜨기, 10×10㎝(4인치) 23코와 24단
- C-2/2.75㎜ 코바늘 사용, 1가닥 사용하여 긴뜨기로 평면뜨기, 10×10㎝(4인치) 25코와 19단
- C-2/2.75㎜ 코바늘 사용, 2가닥 사용하여 긴뜨기로 평면뜨기, 10×10㎝(4인치) 20코와 15단
- D-3/3.25㎜ 코바늘 사용, 2가닥 사용하여 긴뜨기로 평면뜨기, 10×10㎝(4인치) 19코와 14단

코바늘뜨기의 기초

코바늘과 실 잡기(손 모양)

처음 보는 도구를 잡는 것은 약간 까다로울 수 있어요. 하지만 인내심을 갖고 두어 시간 연습을 하면 성공하게 될 거예요. 코바늘뜨기 방법을 이미 알고 있고 그 방법이 편하다면, 그대로 계속 하세요! 이제 배우고 있다면, 여러 가지 방법을 시도해보세요. 자신에게 가장 잘 맞는 방법을 찾을 수 있답니다. 일반적으로 우리는 글씨 쓰는 손으로 코바늘을 잡지만, 그것이 법칙은 아니에요. 코바늘과 실을 어떻게 잡든지, 꼭 알아야 할 가장 중요한 점은 "가장 좋은 방법"도 없고 "옳은 방법"도 없다는 것입니다.

연필 그립

연필을 잡을 때처럼, 코바늘의 편평한 부분(엄지받침)의 가운데를 엄지와 검지로 잡습니다.

나이프 그립

나이프를 잡을 때처럼, 코바늘의 끝 부분을 손바닥에 대고 엄지와 검지로 코바늘을 잡습니다.

실 잡기

바늘을 잡지 않은 손은 실을 조절하고 편물을 잡습니다. 실을 잡는 방법은 여러 가지가 있는데, 각자 선호하는 방식이 있습니다. 그러므로 뜨개질을 하는 동안 장력을 일정하게 유지해야 한다는 점만 유념하면 됩니다.
실 잡기는 중요합니다. 실 조절을 연습해서 장력이 편안하고 자연스럽게 느껴지도록 해야 합니다. 실 잡는 손은 압박을 받게 되므로 손의 자세를 '유지'하는 것도 중요합니다. 뜨개질을 하기 전후로 손 체조를 해주세요. 그리고 바늘을 한번 잡으면 놓기가 쉽지 않겠지만 쉬지 않고 너무 오래 뜨개질하지 않도록 해주세요!

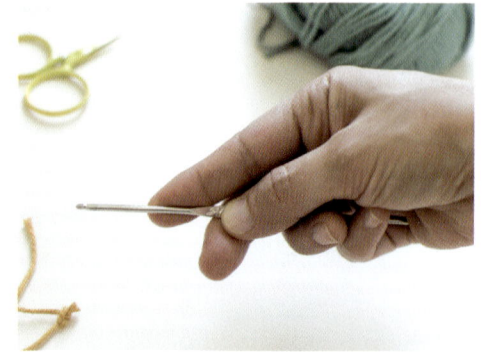
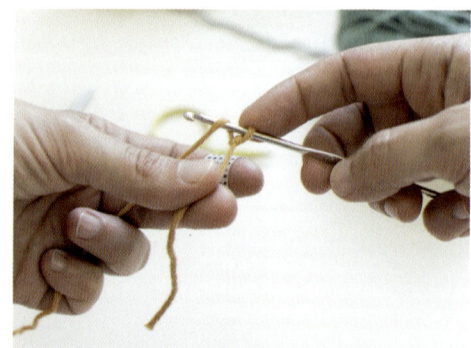

뜨기법

기본 뜨기법은 몇 개 되지 않지만, 그것들을 변형시키고 조합시킨 뜨기법이 아주 많습니다. 하지만 이 책의 패턴을 만들기 위해서는 몇 가지만 익히면 됩니다. 제가 오랫동안 익혀서 지금도 사용하고 있는 것들을 설명할게요. 여러분의 필요와 가능성에 맞게 뜨기법을 조정할 수 있다는 점을 항상 기억하세요.

매듭지은 고리(Slip Knot)

매듭지은 고리는 코바늘뜨기를 시작하기 위해 코바늘에 만들어야 하는 첫 번째 고리입니다.

1. 실 끝으로 고리 모양을 만들고, 코바늘을 고리 안에 넣어 실을 잡아 뺍니다.
2. 실 끝을 당겨서 코바늘에 걸린 고리를 조입니다.

매듭지은 고리는 코로 세지 않아요.

작은 고백: 저는 코바늘뜨기를 처음 했을 때, 매듭지은 고리를 알지 못했어요. 그래서 일반 고리를 만들었어요. 지금도 그렇게 한답니다(하지만 아무한테도 말하지 않아요).

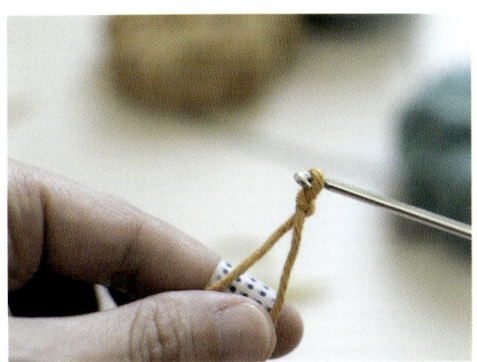

사슬뜨기(Chain Knot)

사슬뜨기는 대부분 편물의 기본입니다. 평면뜨기를 할 때 첫 단은 사슬뜨기를 하며, 이것을 기초사슬코라고 합니다. 사슬뜨기는 모티브와 모티브를 연결할 때 그리고 기둥코를 만들 때도 사용됩니다.

1. 매듭지은 고리를 잡고, 코바늘에 실을 뒤에서 앞으로 감습니다. 이 동작을 '실 감기'라고 합니다. 실을 코바늘에 감아도 되고 코바늘을 실 아래에서 비틀어도 됩니다.
2. 코바늘을 뒤로 당겨서 코바늘에 걸린 고리(매듭지은 고리) 사이로 실을 잡아 뺍니다.
3. 새로운 고리가 만들어지는데, 이것이 첫 번째 사슬코입니다. 위 과정을 반복하여 필요한 수만큼 사슬코를 만듭니다.

주의 실 끝을 잘 잡는 것이 중요합니다. 그렇지 않으면 실 감기를 하려고 할 때마다 실 끝이 코바늘에 감깁니다.

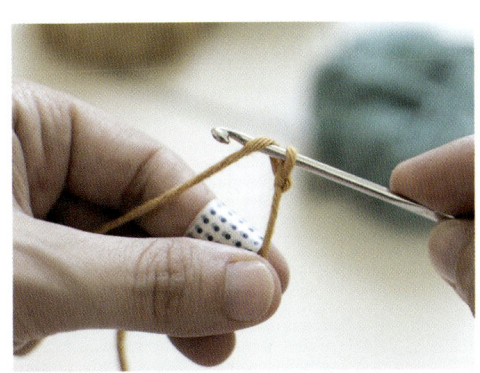  

기초사슬코

기초사슬코는 사슬코로 이어진 끈으로, 평면뜨기로 편평한 편물을 만들려고 할 때 꼭 떠야 합니다. 대바늘뜨기의 시작단에 해당합니다.

주의 기초사슬코를 고르게 만들려면, 뜬 사슬코를 잡는 손을 계속 코바늘에 가깝게 옮겨주세요.

기둥코

기둥코는 평면뜨기를 할 때 뜨려고 하는 코의 높이까지 코바늘을 가져오기 위해 만들어야 하는 사슬코입니다. 뜨기법마다 기둥코의 사슬코가 다른데, 다음과 같습니다.

- 짧은뜨기 단: 사슬 1코
- 긴뜨기 단: 사슬 2코
- 한길긴뜨기 단: 사슬 3코

주의 코를 셀 때, 매듭지은 고리나 코바늘에 걸린 고리(뜨는 고리)는 코로 세지 않아요. 뜬 코의 윗부분을 세면 코를 쉽게 셀 수 있습니다. 가끔씩 코를 세어 패턴대로 정확하게 뜨고 있는지 확인하세요.

코바늘 넣기 (코바늘을 넣는 위치)

사슬코는 제외하고, 모든 코바늘 뜨기법에서는 코바늘을 현재의 코에 넣어야 합니다. 코바늘이 실이나 편물에 걸리지 않으려면 코바늘의 끝이 아래 또는 옆을 향해 있어야 합니다. 코를 뜰 때에는 코바늘을 뒷고리나 앞고리, 앞뒤고리의 아래 중 한 곳에 넣습니다.

- 앞뒤고리: 아랫단에 있는 코의 앞뒤고리 아래에 코바늘을 넣습니다. 패턴에 다른 방법이 나와 있지 않는 한, 가장 일반적이고 선호하는 방법입니다.
- 앞고리에만 뜨기: 앞쪽, 즉 뜨개질하는 사람과 가까운 고리의 아래에 코바늘을 넣습니다.
- 뒷고리에만 뜨기: 뒤쪽, 즉 뜨개질하는 사람에게서 멀리 있는 고리의 아래에 코바늘을 넣습니다. 이 경우 앞고리는 가로줄로 남는데, 장식 효과를 위해 또는 실을 다시 연결하기 위해 사용됩니다.

빼뜨기(Slip Stitch)

빼뜨기는 높이가 없으며, 그 자체로 편물을 뜨는 일은 거의 없습니다. 일반적으로 양 끝을 연결하여 원을 만들 때, 편물 조각을 연결할 때, 편물 조각을 마무리할 때, 여러 코를 건너뛰어 편물의 다른 부분으로 옮겨갈 때 사용됩니다.

1   코바늘을 (기초사슬코에서) 다음 코(코바늘로부터 두 번째 코)의 앞뒤고리에 넣습니다.
2   코바늘로 실 감기를 하여 앞뒤고리 사이로 한 번에 잡아 뺍니다. 이제 빼뜨기 한 코가 완성되었어요.

주의   편물 조각을 마무리하거나 장식하기 위해 마지막 단에서 빼뜨기를 할 때, 코를 약간 느슨하게 떠야 편물이 오그라들지 않아요.

빼뜨기로 사슬 고리 연결하기(고리 모양의 기초사슬코)

1   첫 번째 사슬코에 코바늘을 넣습니다. 이때 사슬코가 꼬이지 않게 하세요.
2   코바늘로 실 감기를 하여 앞뒤고리 사이로 한 번에 잡아 뺍니다.

짧은뜨기 (Single Crochet)

인형을 뜰 때 가장 적합한 뜨기법입니다. 짧은뜨기를 하면 편물이 치밀하고 쫀쫀하기 때문에 인형의 형태가 잘 유지될 뿐만 아니라 적당히만 채우면 솜이 비치지도 않아요.

평면뜨기 (편평한 직물)

기초사슬코에서 시작합니다.

1. 코바늘로부터 두 번째 코에 코바늘을 넣고, 실 감기를 합니다.
2. 사슬코 사이로 실을 잡아 빼면, 코바늘에는 2개의 고리가 걸려 있습니다. 다시 실 감기를 합니다.
3. 코바늘을 뒤로 당겨서 2개의 고리 사이로 실을 한 번에 잡아 뺍니다. 코바늘에는 1개의 고리가 남아 있고, 짧은뜨기 한 코가 완성되었습니다.
4. 코바늘을 다음 코에 집어넣고 모든 사슬코에서 짧은뜨기를 계속합니다.
5. 단의 끝에 이르면, 기둥코(사슬) 1코를 뜨고 편물의 방향을 바꾸어 다음 단을 시작합니다. (기둥코의) 다음 코에서, 아랫단 코의 앞뒤고리 아래에 코바늘을 넣어 짧은뜨기 1코를 뜹니다. 단이 끝날 때까지 계속 짧은뜨기를 뜨고 반복합니다.

주의 평면뜨기를 할 때, 기둥코를 뜨고 편물의 방향을 바꾸는지 편물의 방향을 바꾼 뒤 기둥코를 뜨는지는 중요하지 않아요. 어느 쪽이든 뜨개질을 하는 동안 일관되게만 하세요.

나선형뜨기(원통모양 편물)

기초사슬코에서 시작합니다. 사슬코가 꼬이지 않도록 주의하면서 코바늘을 첫 번째 사슬코에 넣습니다. 첫 번째 사슬코에서 빼뜨기 1코를 하여 고리를 만듭니다.

위로 실 감기

1. 각 사슬코에서 짧은뜨기 1코를 떠서 시작했던 자리로 옵니다. 첫 번째 짧은뜨기 코에서 짧은뜨기 1코를 뜹니다(원형단을 연결하는 빼뜨기를 하지 않아요).
   이때 스티치마커를 사용하면 편리합니다. 방금 뜬 짧은뜨기 코에 스티치마커를 끼웁니다.
2. 짧은뜨기를 계속해서 스티치마커를 끼운 자리로 옵니다. 스티치마커를 빼고 그 코에서 짧은뜨기를 뜹니다. 방금 뜬 코에 스티치마커를 끼우고 위 과정을 반복합니다.

아래로 실 감기

V-짧은뜨기와 X-짧은뜨기의 차이

코바늘뜨기에 능숙한 분은 제 방식이 여러분이 아는 것과 약간 다르다는 것을 알아차리셨을 거예요. 저는 실을 코바늘 위로 감지 않고 아래로 감아요. 이렇게 하면 짧은뜨기 모양이 V자가 아닌 X자가 됩니다.

모양 외에도, 꼭 알아야 하는 몇 가지 다른 점이 있습니다.

- **크기** X-짧은뜨기가 훨씬 치밀하기 때문에, 편물 크기도 상대적으로 작습니다. 반대로 V-짧은뜨기는 신축성이 더 크기 때문에 인형을 뜨면 더 폭신합니다. 예를 들어 X-짧은뜨기 60코로 원을 만들면 지름이 8.5㎝ 정도 되지만, V-짧은뜨기 60코로 만든 원은 지름이 10㎝ 정도 되지요.
- **돌아간 것처럼 보이는 모양** V-짧은뜨기는 각 단에서 조금씩 움직여서 편물이 한쪽으로 돌아간 것처럼 보입니다. X-짧은뜨기는 이런 경향이 덜하기 때문에 자카드 무늬 뜨기를 했을 때 훨씬 보기가 좋습니다.
- **줄무늬의 모양** 서로 다른 색상의 실로 스트라이프 패턴을 만들 때 X-짧은뜨기를 하면 긴뜨기처럼 보입니다.

긴뜨기(Half Double Crochet)

긴뜨기는 짧은뜨기와 한길긴뜨기의 중간 높이입니다. 짧은뜨기보다 느슨해서 편물의 유동성이 크기 때문에 인형 옷을 만들 때 유용합니다.

평면뜨기

기초사슬코에서 시작합니다. 기초사슬코의 처음 2코는 첫 단의 기둥코입니다.

1. 코바늘에 실을 감습니다. 코바늘로부터 세 번째 코에 코바늘을 넣고 다시 실을 감습니다.
2. 1개의 고리 사이로 실을 잡아 빼면, 코바늘에 고리 3개가 있게 됩니다.
3. 다시 실을 감아 코바늘에 걸린 3개의 고리 사이로 잡아 뺍니다.
4. 이제 첫 번째 긴뜨기가 완성되었습니다.
5. 계속해서 모든 사슬코에서 긴뜨기를 합니다.
6. 단의 끝에서 기둥코(사슬 2코)를 만들고 편물의 방향을 바꾸어 다음 단을 시작합니다. 코바늘로부터 세 번째 코, 즉 아랫단 코의 앞뒤고리 아래에 코바늘을 넣어 긴뜨기 1코를 뜹니다. 단의 끝까지 위 과정을 반복합니다.

주의 저는 대개 긴뜨기나 한길긴뜨기로 원형뜨기를 할 때 코와 코 사이에서 뜹니다. 그렇게 하면 짜임이 성글어져서 편물의 신축성이 더욱 커집니다. 방법은 코바늘을 아랫단 코의 두 고리 아래가 아닌 코의 기둥과 기둥 사이에 넣는 것입니다. 단의 끝까지 갔을 때 꼭 콧수를 세도록 하세요.

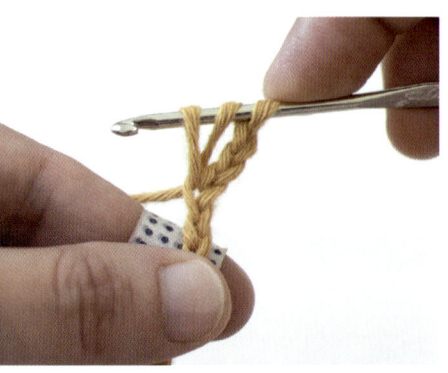 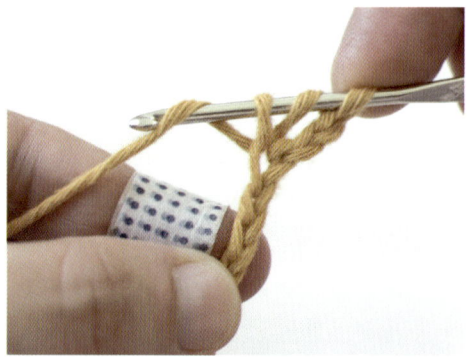 

한길긴뜨기(Double Crochet)

코바늘뜨기로 의류와 블랭킷을 만들 때 가장 유명한 뜨기법입니다. 그러나 동물 인형을 만들 때에는 가끔씩만 사용됩니다.

평면뜨기

기초사슬코에서 시작합니다. 기초사슬코의 처음 3코는 첫 단의 기둥코입니다.

1. 코바늘에 실을 감습니다. 코바늘로부터 네 번째 코에 코바늘을 넣고 다시 실을 감습니다. 1개의 고리 사이로만 실을 잡아 뺍니다. 이제 코바늘에는 고리 3개가 걸려 있습니다.
2. 다시 실을 감고 코바늘에 걸린 처음 2개의 고리 사이로 잡아 뺍니다.
3. 이제 코바늘에는 고리 2개가 있습니다. 마지막으로 코바늘에 실을 감아 코바늘에 걸린 2개의 고리 사이로 잡아 뺍니다.
4. 이제 한길긴뜨기 1코가 완성되었습니다.
5. 코바늘에 실을 감습니다. 다음 코에 코바늘을 넣습니다. 계속해서 모든 사슬코에서 한길긴뜨기를 뜹니다. 단의 끝에서 기둥코(사슬 3코)를 만들고 편물의 방향을 바꾸어 다음 단을 시작합니다.
6. 코바늘에서 네 번째 코, 즉 아랫단 코의 앞뒤고리 아래에 코바늘을 넣어 한길긴뜨기 1코를 뜹니다. 단의 끝까지 위 과정을 반복합니다.

한길긴뜨기 5코 구슬뜨기(Bobble Stitch)

구슬뜨기는 한 코에서 한길긴뜨기 여러 개를 뜨는 방법입니다. 각 코의 마지막 고리를 코바늘에 남겨두었다가 마지막에 함께 마감하여 연결합니다. 저는 인형의 손가락과 발가락을 만들 때 구슬뜨기를 이용합니다.

1. 코바늘에 실을 감아 코바늘을 다음 코에 넣습니다.
2. 다시 코바늘에 실을 감아 코 사이로 잡아 뺍니다. 이제 코바늘에 고리 3개가 있습니다.
3. 다시 코바늘에 실을 감아 코바늘에 걸린 처음 2개의 고리 사이로 잡아 뺍니다. 이제 절반의 한길긴뜨기 1코가 있고, 코바늘에는 2개의 고리가 남아 있습니다.
4. 동일한 코에서 위 과정을 4회 반복합니다. 이제 절반의 한길긴뜨기 5코가 있고, 코바늘에는 모두 6개의 고리가 남아 있습니다.
5. 코바늘에 실을 감아 코바늘에 걸린 6개의 고리 사이로 한 번에 잡아 뺍니다. 이제 한길긴뜨기 5코 구슬뜨기가 완성되었습니다.

멍석뜨기(Moss Stitch)

저는 블랭킷을 만들 때 멍석뜨기를 즐겨 사용합니다. 대바늘뜨기 편물처럼 보이는 이 뜨기법은 코바늘로 빠르고 쉽게 뜰 수 있습니다. 긴뜨기로 멍석뜨기를 하면 편물이 느슨하고 신축성이 있으면서 실 소요량도 적습니다.

평면뜨기

콧수가 짝수인 기초사슬코에서 시작합니다.

1. 코바늘로부터 네 번째 코에서 짧은뜨기 1(사슬뜨기 1, 1코 건너뛰기, 짧은뜨기 1)을 끝까지 반복합니다. 마지막 코는 짧은뜨기여야 합니다. 사슬뜨기 2, 방향 바꾸기.
2. 다음 사슬1코 공간에서 짧은뜨기 1(사슬뜨기 1, 다음 사슬1코 공간에서 짧은뜨기 1)을 끝까지 반복합니다. 첫 단의 시작 지점인 사슬3코 공간에서 짧은뜨기로 마무리합니다. 사슬뜨기 2, 방향 바꾸기.
3. 다음 사슬1코 공간에서 짧은뜨기 1(사슬뜨기 1, 다음 사슬 1 공간에서 짧은뜨기 1)을 끝까지 반복합니다. 이전 단의 시작 지점인 사슬2코 공간에서 짧은뜨기로 마무리합니다. 사슬뜨기 2, 방향 바꾸기.

제3단을 반복하여 원하는 길이를 만듭니다.

바스켓 스파이크 뜨기(Basket Spike Stitch)

이 뜨기법은 모양이 라탄 바구니와 비슷하다고 해서 붙여진 명칭입니다. 이 뜨기법으로 평면뜨기를 하면 모양이 별로 깔끔하지 않아서 저는 원형뜨기에만 이 기법을 사용합니다. 스파이크 짧은뜨기와 뒷고리에만 짧은뜨기를 번갈아 뜨면 원하는 무늬를 만들 수 있어요. 저는 이 뜨기법을 뜰 때 세로 두 줄을 만들기 위해 V자 모양 짧은뜨기를 한답니다.

스파이크 짧은뜨기

아래 원형 1단의 다음 코(그 코를 뜬 코와 동일한 곳)에 코바늘을 넣습니다. 코바늘에 실을 감아 실제 원형단 높이만큼 실을 끌어 올립니다. 코바늘에 걸린 2개의 고리 사이로 실을 잡아 뺍니다.

나선형뜨기(원통모양 편물)

기초사슬코에서 시작합니다. 사슬코가 꼬이지 않도록 주의하면서 코바늘을 첫 번째 사슬코에 넣습니다. 첫 번째 사슬코에서 빼뜨기를 하여 고리를 만듭니다. 각 사슬코에서 짧은뜨기 1코를 계속해서 시작했던 자리로 옵니다.

- **1-2** 다음 코에서 뒷고리에만 짧은뜨기 1, 이전 단의 다음 코에서 스파이크 뜨기를 끝까지 반복합니다.
- **3-4** 이전 단의 다음 코에서 스파이크 뜨기, 다음 코에서 뒷고리에만 짧은뜨기 1을 끝까지 반복합니다.

위 과정을 반복하여 원하는 단수만큼 뜹니다.

짧은 앞뒤 걸어뜨기
(Single Rib Crochet)

저는 이 뜨기법을 모자와 기타 의류의 립조직을 만들 때 사용합니다. 이 기법은 한길긴뜨기로 하는 것이 일반적이지만 짧은뜨기로 해도 괜찮아요. 앞걸어뜨기와 뒤걸어뜨기를 한 번씩 번갈아가면서 만드는데, 이 뜨기법을 시작하기 전에 짧은뜨기를 적어도 한 단은 떠야 합니다.

1-2 코바늘을 이전 단의 짧은뜨기 기둥을 감싸며 앞에서 뒤로, 다시 앞으로 넣습니다. 코바늘에 실을 감아 기둥을 감싸며 고리를 잡아 뺍니다. 이때 일반적인 짧은뜨기를 할 때보다 실을 조금 더 길게 당깁니다. 코바늘에 실을 감아 코바늘에 걸린 2개의 고리 사이로 잡아 뺍니다. 이제 첫 짧은앞걸어뜨기를 완성했습니다.

3-4 코바늘을 다음 짧은뜨기의 기둥을 감싸며 뒤에서 앞으로, 다시 뒤로 넣습니다. 코바늘을 실을 감아 기둥을 감싸며 고리를 잡아 뺍니다. 이때 일반적인 짧은뜨기를 할 때보다 실을 조금 더 길게 당깁니다. 코바늘에 실을 감아 코바늘에 걸린 2개의 고리 사이로 잡아 뺍니다. 이제 첫 짧은뒤걸어뜨기를 완성했습니다.

5-6 단의 끝까지 1~4단계를 반복합니다.

코 늘리기와 코 줄이기

코 늘리기와 코 줄이기는 의류나 작품의 모양을 만들 때 사용됩니다.

코 늘리기(Increase)

한 코에서 2코 이상을 떠서 코를 늘립니다.
1. 이전 단의 다음 코에서 한 코를 뜹니다.
2. 코바늘을 같은 코에 넣어 고리 1개를 잡아 뺍니다.
3. 또 한 코를 뜹니다.

코 줄이기(Decrease)

2코 이상을 함께 떠서 코를 줄입니다. 방법은 두 가지가 있는데, 저는 항상 '전통적인 코 줄이기'를 사용합니다. 특별한 이유는 없고 그 방법을 먼저 배웠고 저한테는 그 방법이 자연스럽기 때문이에요. 하지만 이 방법은 제대로 치밀하게 뜨지 않으면 작은 구멍이 생길 수 있어서 요즘에는 사람들이 잘 사용하지 않습니다.

1-2 이전 단의 연이은 두 코에서 각각 코를 뜨는데, 마지막 고리를 뜨지 않고 남깁니다.
3 코바늘에 실을 감아요.
4 코바늘에 걸린 3개의 고리 사이로 실을 잡아 뺍니다.

나선형뜨기(Working in spirals)

나선형뜨기는 중심으로부터 코가 늘어나는 기법으로 모자와 도일리처럼 원형의 편물을 만들 때 사용됩니다. 원형뜨기를 할 때 각 원형단을 빼뜨기로 마감하는 것이 전통적인 방법이에요. 이 방법을 쓸 경우 원의 모양은 완벽하지만, 단을 연결하기 때문에 상처처럼 연속적인 흔적이 남아 귀여운 인형에는 어울리지 않는다는 단점이 있어요. 그래서 저는 이 흔적이 남지 않도록 단의 끝에서 빼뜨기를 하지 않고 나선형으로 뜹니다.

연속의 나선형을 뜰 때, 스티치마커의 사용을 적극 추천합니다. 스티치마커를 끼워 놓으면 어디에서 새로운 단이 시작하고 이전 단이 끝나는지 알 수 있어요. 단의 시작에 끼울지 아니면 끝에 끼울지는 여러분 마음이지만, 처음 선택을 끝까지 유지해야 합니다. 원형단을 뜬 다음에는 스티치마커 바로 위에서 끝나야 합니다. 단이 끝날 때마다 스티치마커를 옮겨서 현재 위치를 계속 표시하도록 합니다.

실고리로 원형코 만들기(Magic ring)

아마도 이 방법은 원형뜨기를 시작하는 가장 좋은 방법일 거예요. 기본적으로는 길이를 조정할 수 있는 고리에서 원하는 콧수를 뜬 뒤 고리를 조여서 구멍을 막습니다. 시작 방법은 여러 가지가 있는데, 모두 처음에는 다소 어려워 보일 수도 있어요. 하지만 처음에는 할 수 없을 것 같더라도 걱정하지 말고 여러 번 연습하세요. 장담하는데, 첫 번째 인형을 완성하고 나면 이 기법에 능숙해질 거예요. 그리고 이 방법을 좋아하게 될 겁니다!

1. 매듭지은 고리를 시작할 때처럼, 실을 교차시켜서 실고리를 만듭니다.
2-3. 1에서 만든 실고리를 엄지와 검지로 단단히 잡고, 코바늘을 그 안에 넣어 실을 감아 잡아 뺍니다.
4. 실고리를 계속 단단히 잡고(이 점이 중요합니다!), 코바늘에 다시 실을 감아 코바늘에 걸린 고리 사이로 잡아 빼서 사슬코를 만듭니다. 이 사슬코가 실고리가 풀어지지 않게 해줍니다.
5-6. 코바늘을 다시 실고리 안과 실끝 아래에 넣습니다(두 가닥이 교차하는 것처럼 보입니다). 코바늘에 실을 감아 고리를 잡아 뺍니다.
7. 코바늘에 다시 실을 감아 코바늘에 걸린 2개의 고리 사이로 잡아 뺍니다. 이제 고리에서 첫 번째 짧은뜨기를 떴어요.
8. 패턴에 제시된 만큼의 코를 만듭니다. 실 끝을 잡고 잡아당기며 실고리의 가운데를 조여서 막습니다. 이때 실 끝을 아주 바짝 당기세요.
9. 빼뜨기를 하여 원을 연결해도 되지만, 꼭 그래야 하는 것은 아닙니다. 저는 여기에만 원형단을 연결합니다.

기초사슬코로 타원형뜨기

타원은 기초사슬코에서 뜰 수 있습니다. 이 방법은 러그나 가방을 만들 때 사용되는데, 저는 인형의 주둥이와 귀, 일부 캐릭터의 몸통을 뜰 때 사용하려고 합니다.

1 원하는 콧수만큼 기초사슬코를 만듭니다. 코바늘로부터 두 번째 코에서 짧은뜨기를 합니다(간혹 코 늘리기를 하라는 패턴도 있어요). 각 사슬코에서 짧은뜨기를 합니다.

2 일반적으로 마지막 코는 코 늘리기를 합니다. 그래야 편물의 방향을 바꾸고 기초사슬코의 맞은편 고리를 뜰 수 있어요.

3-4 편물의 방향을 위 아래로 돌려서 기초사슬코의 밑면에서 짧은뜨기를 합니다. 뜰 수 있는 고리가 하나밖에 없으니 주의하세요.

5 계속해서 각 고리에서 짧은뜨기를 합니다. 마지막 짧은뜨기는 첫 번째 짧은뜨기의 옆이어야 합니다. 패턴에 따라 이 마지막 코도 코 늘리기를 할 수도 있습니다.

6 이제부터는 나선형뜨기를 하면 됩니다.

실 색깔 바꾸기(배색)와 실 연결하기

다른 색깔의 실로 바꿀 때 또는 뜨던 실을 다 써서 새 실을 연결해야 할 때 사용하는 기법입니다.

1 코바늘에 마지막 코의 고리 2개가 남을 때까지 이전 색의 실(또는 남은 실)로 뜹니다.
2 바꿀 색의 실(또는 새 실)로 마지막 코를 마무리하고, 계속해서 뜹니다. 나중에 필요하므로 이전에 뜨던 실의 끝은 자르지 마세요. 저는 코가 느슨해지지 않도록 이전 실과 바꾼 실의 끝을 묶어요.

주의 여러 색의 단을 뜨거나 스트라이프 패턴을 뜰 경우에는 이전 단의 마지막 코에서 색깔 바꾸기를 합니다.

자카드 무늬 뜨기와 태피스트리 뜨기

이 두 기법은 원래 대바늘뜨기와 위빙(직조)이라는 다른 텍스타일 영역의 색깔 바꾸기 기법이지만, 코바늘뜨기에서도 응용할 수 있습니다. 두 가지 이상의 색상이 들어간 모티브와 패턴을 만들 때 사용되는데, 다양한 색의 뜨개실로 색칠하는 것과 비슷해요. 이런 모티브들은 코마다 색이 지정된 도안을 따라 뜨는 것이 일반적입니다. 도안을 이용하면 코를 세기가 쉽다는 이점도 있어요.

두 기법은 뜨개질을 하는 동안 여러 가지 색의 실을 처리하는 방법에서 차이가 납니다.
자카드 무늬 뜨기를 할 때는 사용하지 않는 실을 편물 뒤에 두었다가, 다시 사용할 때가 되면 그 실을 잡아 현재 위치로 갖고 와서 색깔을 바꿉니다.

색깔 바꾸기를 할 때 꼭 기억해야 할 점이 있어요. 패턴에 색깔 바꾸기라고 되어 있을 때, 한 코 앞에서 시작해야 한다는 것입니다. 이 점을 항상 생각하면서 패턴이나 도안에 제시된 콧수대로 뜨개질을 하다가 색깔을 바꿔야 할 때가 되면 사용하려는 색의 실을 뒤에서 잡아 바꾸려는 위치로 가져와서 코를 마무리합니다. 색 바꾸기를 하는 동안 편물 뒤쪽에 남아 있는 실은 느슨하게 늘어져 있어야 편물이 오그라들지 않아요.

주의 색깔 바꾸기의 범위가 넓은 자카드 무늬를 뜰 때, 저는 안쪽에 있는 실을 잘라 서로 묶습니다. 이 방법을 권하는 것은 색깔 바꾸기로 인해 편물 안쪽에 실이 거미줄처럼 엇갈려 있으면 솜을 제대로 넣을 수 없기 때문이에요. 실을 자르고 싶지 않을 경우에는 늘어진 실을 두 코마다 줍는 방법을 사용해도 됩니다.

태피스트리 기법은 다른 색으로 뜨는 동안 원래 색은 코 안(V의 윗부분)에 끼워 넣습니다. 즉 코를 뜰 때마다 사용하지 않는 다른 색깔의 실을 감싸는 겁니다. 겉으로 보기에는 자카드 무늬 뜨기와 큰 차이가 나지 않아요. 하지만 뒷면(안쪽 면)에서 보면 많이 다릅니다. 편물이 태피스트리처럼 보이고(그래서 태피스트리 기법이라고 합니다!) 양면에 늘어진 실 끝이 없다는 큰 장점을 갖게 됩니다. 따라서 양면 모두 모양이 깔끔해야 하는 의류나 액세서리를 뜰 때 아주 유용합니다.

하지만 사소한 단점도 있어요. 편물 전체를 이 기법으로 뜨지 않으면, 이 기법으로 뜬 부분만 상대적으로 두툼해지고, '숨겨진' 색의 실이 코와 코 사이에서 보일 수 있다는 것이죠.

주의 짧은뜨기로 태피스트리 뜨기를 하여 세로선을 만들고 싶다면, 앞고리에만 뜨기나 뒷고리에만 뜨기를 해야 할 수도 있어요(35쪽 샘플 참조).

마무리하기 (Fastening Off)

편물을 완성하면 마무리를 해야 합니다. 이를 위해 실을 마지막 코에서 5㎝ 정도 남기고 자른 뒤, 실 끝을 코바늘에 걸린 고리 사이로 잡아 뺍니다. 편물을 바느질할 생각이라면, 바느질해야 하는 콧수에 따라 실을 훨씬 길게 남겨야 할 수도 있어요. 바느질이 필요 없을 때 또는 솜을 넣어 원형뜨기를 하다가 마지막 단을 떴을 때에는 실 끝을 보이지 않게 정리해야 합니다.

편평한 편물의 실 끝 정리하기

실을 돗바늘에 꿰입니다. 편물의 안쪽 면을 앞에 놓고, 돗바늘을 단의 아래에 있는 고리에 넣어 한 단 또는 여러 코에 실을 통과시킵니다. 또는 실을 옆에 있는 고리들 사이로 통과시켜도 됩니다. 남은 실 끝을 자릅니다.

솜을 넣은 편물의 실 끝 정리하기

1-2 코 줄이기를 한 마지막 원형단을 끝내고 마무리한 뒤, 실을 15㎝ 정도 남깁니다. 실을 돗바늘에 꿰어 남은 코마다 뒤에서 앞으로 통과시킵니다.

3 실 끝을 잡아당겨서 구멍을 막습니다. 실이 풀어지지 않도록 바늘을 한두 코에 누벼 넣습니다. 남는 실은 자르고 코바늘을 이용하여 편물 속에 감춥니다.

자수

저는 아직도 자수가 어렵습니다. 할 줄 아는 스티치는 어렸을 때 인형 옷을 만드느라 배웠던 백스티치(박음질)밖에 없어요. 하지만 백스티치로 예쁜 스트레이트 스티치도 할 수 있습니다.

1. 실을 돗바늘에 꿰웁니다. 돗바늘을 편물의 뒤에서 꽂아 짧은뜨기와 같은 길이로 스트레이트 스티치 한 땀을 수놓습니다. 저는 코와 코 사이의 간격에 돗바늘을 꽂아 수놓는 것을 좋아합니다.
2. 계속해서 필요한 만큼 수를 놓습니다. 돗바늘을 한 땀 앞으로 뺐다가 방금 뜬 땀의 끝(같은 구멍)에 다시 꽂습니다. 계속해서 필요한 횟수만큼 백스티치(박음질)를 합니다.

편물 연결하기 (바느질)

코바늘뜨기를 하는 여느 많은 사람들처럼 저도 편물 조각들을 바느질하여 연결하는 작업은 별로 좋아하지 않아요. 누가 대신 해준다면 기꺼이 비용도 지불할 정도예요. 하지만 (아직까지는) 그렇게 해줄 사람이 없기 때문에, 간단하면서도 만족스러운 방법을 연습하는 편이 낫겠죠. 편물 조각들의 위치를 잘 모르면, 시침핀으로 꽂아 모양을 보고 필요하면 수정하면 됩니다. 바느질하는 실은 가능하면 마무리를 하고 남긴 실을 이용하세요.

구멍을 막지 않은 편물에 연결하기

이 방법은 주둥이, 볼, 부리, 뿔 등을 머리처럼 솜을 채우지 않고 구멍을 막지 않은 조각에 붙일 때 사용합니다. 돗바늘에 실을 꿰고 조각의 위치를 잡습니다. 필요하면 시침핀을 이용하세요! 주둥이나 부리를 얼굴에 붙이려고 할 경우, 스티치마커가 있는 곳의 반대편에 붙이는 것이 보기가 좋습니다. 이렇게 하면 색깔 바꾸기를 한 곳이 인형의 안쪽에 있게 될 거예요. 돗바늘을 앞에서 뒤(안쪽)로 넣어 첫 땀을 뜹니다. 붙일 조각의 마지막 단 사이에서 각 코의 앞뒤고리 아래로 백스티치를 뒤에서 앞으로, 앞에서 뒤로 하여 연결합니다. 편물 조각의 콧수가 30코라면, 백스티치를 적어도 30번은 해야 합니다. 구멍을 막기 전에 솜을 꼭 넣으세요. 이때 솜을 가득 채우면 바늘이 솜에 걸리므로 끝까지 채우지 않도록 하세요.

구멍을 막은 편물에 연결하기

완성해서 구멍을 막은 편물에 구멍을 막지 않은 편물(솜을 채운 것 또는 채우지 않은 것)을 연결시키는 법을 설명하려고 합니다. 돗바늘에 실을 꿰니다. 조각들을 서로 포개어서 가능하면 코를 맞춥니다. 구멍을 막고 솜을 넣은 편물 조각(예를 들어 몸통)의 고리 하나에 바늘을 꽂습니다. 이제 연결할 편물 조각의 코 앞뒤고리 아래로 바늘을 통과시킵니다. 바느질로 조각 전체를 연결하고 마무리를 합니다. 실 끝을 보이지 않게 정리합니다.

코바늘뜨기의 용어와 기호

코바늘뜨기에는 전문 용어와 고유의 특성이 있습니다. 코바늘뜨기 용어는 나라마다 다르며, 같은 나라 안에서도 지역별로 다른 경우도 있습니다. 아래 표는 가장 일반적으로 사용되는 용어와 기호를 간단하게 요약한 것입니다. 이 책에서는 미국식 용어를 사용합니다.

용어	US	기호
코	stitch (st)	
사슬뜨기	chain (ch)	⬭
빼뜨기	slip stitch (slst)	⬬
짧은뜨기	single crochet (sc)	×
긴뜨기	half double crochet (hdc)	T
한길긴뜨기	double crochet (dc)	ϯ
구슬뜨기	bobble stitch	⊕
코 늘리기	increase (inc)	V
코 줄이기	decrease (dec)	A
평면 단 / 원형 단	row / round (Rnd)	
고리	ring	

패턴 읽기

이 책에서 둥근 괄호( ) 안의 내용은 해당 단에서 반복해야 하는 뜨기법입니다.
각 단의 끝에 있는 모난 괄호[ ] 안의 숫자는 그 단에 있어야 하는 총 콧수입니다.
예를 들어 볼게요.
3단: (짧은뜨기 1, 늘리기) × 6 [18코]
3단 동안 둥근 괄호 안의 내용을 6회 반복하여 뜨고, 다 뜨면 총 18코라는 뜻입니다.
한 단의 내용을 여러 단에서 반복해야 할 경우, '10-20단'으로 표기했습니다. 10단부터 20단까지 같은 방식으로 뜨면 됩니다.

코알라 로건

로건에게는 바늘두더지 누나 하나와 왈라비 누나 둘, 웜바트 형 하나와 오리너구리 형 셋이 있어요.
해변에서 많은 형제자매와 함께 자란 로건은 원하는 것을 얻기 위해 항상 좀 더 열심히 노력해야 했어요.
로건은 형과 누나들처럼 파도타기를 하고 싶었지만, 집안에 보드가 두 개밖에 없었기 때문에 참는 법을 배웠습니다.
가족의 사랑 속에서 자란 로건은 걱정이 있거나 우울할 때면 자신을 안아줄 사람이 항상 있다는 것이 얼마나
행운인지 잘 알고 있어요. 그는 지금 환경공학 연구를 마무리하는 중입니다. 그것은 자신이 받은 사랑을 가족에게
돌려주고, 자신에게 모든 것을 준 가정을 돌보는 최고의 방법입니다.

 QR코드를 스캔하면 다양한 피카파우 친구들을 만날 수 있습니다.

주의 두 색을 섞어서 뜨는 편물 조각을 제외하고는 모두 우스티드 실로 뜹니다.
주의 머리와 몸통을 하나로 뜹니다.

난이도 *

키
22cm(제시된 실로 떴을 때)

재료
- 우스티드 실: 애시그레이, 흑회색, 오프화이트, 틸그린, 녹색 약간, 파스텔핑크 약간, 검은색 약간
- 스포트(또는 핑거링)실: 애시그레이, 오프화이트(두 색을 섞어서 뜹니다)
- 코바늘 C-2/2.75mm
- 검은색 나사형 인형눈(10mm)
- 솜

필요한 기술 두 가닥으로 뜨기, 실고리로 원형코 만들기(32쪽), 원형단을 시작하면서 색깔 바꾸기(35쪽), 몸통을 두 부분으로 나누기, 자수(38쪽), 연결하기(39쪽), 품품 만들기

코

(흑회색으로 시작, 원형뜨기)
1단 실고리로 원형코 만들기, 짧은뜨기 6 [6코]
2단 (늘리기) × 6 [12코]
3단 (짧은뜨기 1, 늘리기) × 6 [18코]
4-8단 짧은뜨기 18 [18코]
애시그레이색과 오프화이트색을 섞은 실로 바꿉니다. 흑회색 실은 바느질하기 위해 길게 남기고 자른 뒤 마무리를 합니다.
9-13단 짧은뜨기 18 [18코]
검은색 실로 입을 수놓습니다. 코에 솜을 약간 채웁니다.
14단 (짧은뜨기 1, 줄이기) × 6 [12코]
15단 (줄이기) × 6 [6코]
실을 길게 남기고 자른 뒤 마무리를 합니다. 남긴 실을 돗바늘에 꿰어 남은 각 코의 앞고리에 통과시킨 뒤, 세게 잡아당겨서 구멍을 막습니다. 실 끝을 남겨두었다가 나중에 바느질할 때 사용합니다.

머리와 몸통

(애시그레이색으로 시작, 원형뜨기)
1단 실고리로 원형코 만들기, 짧은뜨기 6 [6코]
2단 (늘리기) × 6 [12코]
3단 (짧은뜨기 1, 늘리기) × 6 [18코]
4단 (짧은뜨기 2, 늘리기) × 6 [24코]
5단 (짧은뜨기 3, 늘리기) × 6 [30코]
6단 (짧은뜨기 4, 늘리기) × 6 [36코]
7단 (짧은뜨기 5, 늘리기) × 6 [42코]
8단 (짧은뜨기 6, 늘리기) × 6 [48코]
9단 (짧은뜨기 7, 늘리기) × 6 [54코]
10단 (짧은뜨기 8, 늘리기) × 6 [60코]
11-22단 짧은뜨기 60 [60코]
23단 (짧은뜨기 3, 줄이기) × 12 [48코]
24단 (짧은뜨기 2, 줄이기) × 12 [36코]
8-22단 사이에 코를 바느질하여 붙입니다. 16-17단 사이에, 코에서 3코 간격을 두고 나사형 인형눈을 끼웁니다. 파스텔핑크색 실로 볼을 수놓습니다.

25단 (짧은뜨기 4, 줄이기) × 6 [30코]
26단 (짧은뜨기 3, 줄이기) × 6 [24코]
27단 (짧은뜨기 4, 줄이기) × 4 [20코]
머리에 솜을 충분히 채웁니다. 틸그린색 실로 바꿉니다.
28단 (짧은뜨기 4, 늘리기) × 4 [24코]
29단 (짧은뜨기 3, 늘리기) × 6 [30코]
30단 (짧은뜨기 4, 늘리기) × 6 [36코]

31-36단 짧은뜨기 36 [36코]
37단 (짧은뜨기 8, 늘리기) × 4 [40코]
38단 짧은뜨기 40 [40코]
티셔츠에 녹색과 파스텔핑크색 실로 나뭇잎 패턴을 수놓습니다.
애시그레이색 실로 바꿉니다.
39단 뒷고리에만 짧은뜨기 40 [40코]
40-45단 짧은뜨기 40 [40코]

다리

다리를 만들기 위해 코를 나눕니다. 다리 하나에 16코씩, 두 다리 사이 공간을 위해 앞쪽에 4코, 뒤쪽에 4코로 나눕니다(이때 스티치마커를 사용하면 편리합니다). 두 다리와 머리가 나란하지 않으면 몸통에서 짧은뜨기를 더 뜨거나 코를 풀어 나란하게 맞춥니다. 뒤쪽에 있는 다리의 마지막 코를 앞쪽에 짧은뜨기로 연결합니다(이 짧은뜨기는 다리의 첫 번째 코가 됩니다). 이제 첫 번째 다리의 코들이 원형으로 연결되었습니다. 계속해서 첫 번째 다리를 뜹니다.

46-49단 짧은뜨기 16 [16코]
50단 (짧은뜨기 6, 줄이기) × 2 [14코]

51단 짧은뜨기 14 [14코]
52단 (짧은뜨기 5, 줄이기) × 2 [12코]
53단 짧은뜨기 12 [12코]
몸통과 다리에 솜을 충분히 채웁니다.
54단 (줄이기) × 6 [6코]
실을 길게 남기고 자른 뒤 마무리를 합니다. 남긴 실을 돗바늘에 꿰어 남은 각 코의 앞고리에 통과시킨 뒤, 세게 잡아당겨서 구멍을 막습니다. 실 끝을 보이지 않게 정리합니다.

두 번째 다리

45단의 뒤쪽에서 뜨지 않은 다섯 번째 코에 애시그레이색 실을 다시 연결합니다. 시작하는 실을 길게 남깁니다. 여기에서 두 번째 다리의 첫 번째 코를 시작합니다.

46단 짧은뜨기 16. 16번째 코에 이르면, 첫 번째 코에서 짧은뜨기를 하여 원형으로 연결합니다. [16코]

47-54단 첫 번째 다리와 같은 방식으로 뜹니다.

필요하면 솜을 더 채웁니다. 돗바늘을 이용하여 두 다리 사이의 4코를 바느질하여 막습니다.

팔

(2개, 애시그레이색 실로 시작, 원형뜨기)
1단 실고리로 원형코 만들기, 짧은뜨기 6 [6코]
2단 짧은뜨기 6 [6코]
3단 (짧은뜨기 1, 늘리기) × 3 [9코]
4-5단 짧은뜨기 9 [9코]
6단 (짧은뜨기 2, 늘리기) × 3 [12코]
7-8단 짧은뜨기 12 [12코]
9단 (짧은뜨기 3, 늘리기) × 3 [15코]
10-12단 짧은뜨기 15 [15코]
틸그린색 실로 바꿉니다.
13단 짧은뜨기 15 [15코]
14단 (짧은뜨기 3, 줄이기) × 3 [12코]
15단 (짧은뜨기 4, 줄이기) × 2 [10코]
바느질하기 위해 실을 길게 남기고 자른 뒤 마무리를 합니다. 녹색과 파스텔핑크색 실로 나뭇잎 패턴을 수놓습니다. 솜을 채웁니다. 두 팔을 몸통의 양옆, 29-30단 사이에 바느질하여 붙입니다.

귀

(2개, 애시그레이색, 원형뜨기)
1단 실고리로 원형코 만들기, 짧은뜨기 6 [6코]
2단 (늘리기) × 6 [12코]
3단 (짧은뜨기 1, 늘리기) × 6 [18코]
4단 (짧은뜨기 2, 늘리기) × 6 [24코]
5단 (짧은뜨기 3, 늘리기) × 6 [30코]
6단 (짧은뜨기 4, 늘리기) × 6 [36코]
7-12단 짧은뜨기 36 [36코]
바느질하기 위해 실을 길게 남기고 자른 뒤 마무리를 합니다.
귀에는 솜을 채우지 않아요. 오프화이트색 실로 지름 5㎝의 폼폼 2개를 만듭니다. 폼폼을 귀 안쪽에 붙입니다. 귀를 머리에 바느질하여 붙입니다.

거북이 다윈

다윈은 아름답기로 유명한 갈라파고스 섬에서 60년 전에 태어났습니다. 그의 가족은 아주 오래전부터 그곳에서 살았어요. 다윈의 삼촌은 찰스 다윈과 사적으로 아는 친구였고 HMS 비글호에도 잠시 승선했다고 합니다. 다윈은 그 사실을 자랑스럽게 이야기합니다. 자기 이름의 유래를 알게 된 다윈은 자기만의 속도로 자연사를 공부하기로 했어요. 한편 섬의 여행 가이드인 그는 자기 일을 즐겁게 합니다. 가이드를 하는 중에 관광객들에게 자기가 공부하면서 배운 것을 알려주고, 다니면서 발견한 새로운 것들을 모두 기록합니다. 그리고 듣고 싶어 하는 사람이 있으면 삼촌이 찰스 다윈을 만났던 시대에 대하여 이야기해줍니다.

 QR코드를 스캔하면 다양한 피카파우 친구들을 만날 수 있습니다.

주의 머리와 몸통을 하나로 뜹니다.

난이도 ★

키
24cm(제시된 실로 떴을 때)

재료
- 우스티드 실: 세이지그린, 오프화이트, 프렌치블루, 흑회색, 연한 아쿠아블루 약간, 파스텔핑크, 노란색, 검은색 약간
- 코바늘 C-2/2.75mm
- 검은색 나사형 인형눈(10mm)
- 솜

필요한 기술 실고리로 원형코 만들기(32쪽), 기초사슬코로 타원형뜨기(34쪽), 원형단을 시작하면서 색깔 바꾸기(35쪽), 몸통을 두 부분으로 나누기(47쪽), 자수(38쪽), 연결하기(39쪽)

볼

(2개, 파스텔핑크, 원형뜨기)
- **1단** 실고리로 원형코 만들기, 짧은뜨기 6 [6코]
- **2단** (늘리기) × 6 [6코]

첫코에 빼뜨기, 바느질하기 위해 실을 길게 남기고 자른 뒤 마무리를 합니다.

머리와 몸통

(세이지그린색으로 시작, 원형뜨기)
- **1단** 실고리로 원형코 만들기, 짧은뜨기 6 [6코]
- **2단** (늘리기) × 6 [12코]
- **3단** (짧은뜨기 1, 늘리기) × 6 [18코]
- **4단** (짧은뜨기 2, 늘리기) × 6 [24코]
- **5단** (짧은뜨기 3, 늘리기) × 6 [30코]
- **6단** (짧은뜨기 4, 늘리기) × 6 [36코]
- **7단** (짧은뜨기 5, 늘리기) × 6 [42코]
- **8단** (짧은뜨기 6, 늘리기) × 6 [48코]
- **9단** (짧은뜨기 7, 늘리기) × 6 [54코]
- **10단** (짧은뜨기 8, 늘리기) × 6 [60코]
- **11-20단** 짧은뜨기 60 [60코]
- **21단** (짧은뜨기 3, 줄이기) × 12 [48코]
- **22단** (짧은뜨기 2, 줄이기) × 12 [36코]
- **23단** (짧은뜨기 4, 줄이기) × 6 [30코]

16-17단 사이에 검은색 실로 입을 수놓습니다. 코는 14단 사이에서 짧은 줄 2개를 수놓습니다. 15-16단 사이에, 13코 간격을 두고, 입에서 4코 정도 떨어져서 나사형 인형눈을 끼웁니다. 눈 뒤쪽으로 16-19단 사이에 볼을 바느질하여 붙입니다. 머리에서 9단, 11단, 13단 위에 연한 아쿠아블루색 실로 짧은 선을 수놓습니다.

- **24단** (짧은뜨기 3, 줄이기) × 6 [24코]
- **25단** (짧은뜨기 4, 줄이기) × 4 [20코]
- **26단** 짧은뜨기 20 [20코]

머리에 솜을 충분히 채웁니다. 흰색과 프렌치블루색 실로 매 단마다 색깔을 바꾸어 스트라이프 패턴을 뜹니다.

27단 (짧은뜨기 1, 늘리기) × 10 [30코]
28단 짧은뜨기 30 [30코]
29단 (짧은뜨기 4, 늘리기) × 6 [36코]
30-34단 짧은뜨기 36 [36코]
35단 (짧은뜨기 8, 늘리기) × 4 [40코]
36-37단 짧은뜨기 40 [40코]
세이지그린색 실로 바꿉니다.
38단 뒷고리에만 짧은뜨기 40 [40코]
39-43단 짧은뜨기 [40코]
44단 (짧은뜨기 8, 줄이기) × 4 [36코]
45-47단 짧은뜨기 36 [36코]

다리

다리를 만들기 위해 코를 나눕니다. 다리 하나에 15코씩, 두 다리 사이 공간을 위해 앞쪽에 3코, 뒤쪽에 3코로 나눕니다(이때 스티치마커를 사용하면 편리합니다). 두 다리와 머리가 나란하지 않으면 몸통에서 짧은뜨기를 더 뜨거나 코를 풀어 나란하게 맞춥니다. 뒤쪽에 있는 다리의 마지막 코를 앞쪽에 짧은뜨기로 연결합니다(이 짧은뜨기는 다리의 첫 번째 코가 됩니다). 이제 첫 번째 다리의 코들이 원형으로 연결되었습니다. 계속해서 첫 번째 다리를 뜹니다.

48-57단 짧은뜨기 15 [15코]
몸통과 다리에 솜을 충분히 채웁니다.
58단 (짧은뜨기 1, 줄이기) × 5 [10코]
59단 (줄이기) × 5 [5코]
실을 길게 남기고 자른 뒤 마무리를 합니다. 남긴 실을 돗바늘에 꿰어 남은 각 코의 앞고리에 통과시킨 뒤, 세게 잡아당겨서 구멍을 막습니다. 실 끝을 보이지 않게 정리합니다.

두 번째 다리

47단의 뒤쪽에서 뜨지 않은 네 번째 코에 세이지그린색 실을 다시 연결합니다. 여기에서 두 번째 다리의 첫 번째 코를 시작합니다. 시작하는 실을 길게 남깁니다.

48단 짧은뜨기 15. 15번째 코에 이르면, 첫 번째 코에서 짧은뜨기를 하여 원형으로 연결합니다. [15코]
49-59단 첫 번째 다리와 같은 방식으로 뜹니다.
필요하면 솜을 더 채웁니다. 돗바늘을 이용하여 두 다리 사이의 3코를 바느질하여 막습니다.

작은 점

(12개, 파스텔핑크, 원형뜨기)
1단 실고리로 원형코 만들기, 짧은뜨기 6 [6코]
첫코에 빼뜨기. 바느질하기 위해 실을 길게 남기고 자른 뒤 마무리를 합니다.

등껍질

(흑회색, 원형뜨기)
1단 실고리로 원형코 만들기, 짧은뜨기 6 [6코]
2단 (늘리기) × 6 [12코]
3단 (짧은뜨기 1, 늘리기) × 6 [18코]
4단 (짧은뜨기 1, 늘리기) × 9 [27코]
5단 (짧은뜨기 2, 늘리기) × 9 [36코]
6단 (짧은뜨기 3, 늘리기) × 9 [45코]
7-8단 짧은뜨기 45 [45코]
9단 (짧은뜨기 4, 늘리기) × 9 [54코]
10-11단 짧은뜨기 54 [54코]
12단 (짧은뜨기 5, 늘리기) × 9 [63코]
13단 짧은뜨기 63 [63코]
14단 뒷고리에만 (짧은뜨기 5, 줄이기) × 9 [54코]
15단 (짧은뜨기 4, 줄이기) × 9 [45코]
16단 (짧은뜨기 3, 줄이기) × 9 [36코]
바느질하기 위해 실을 길게 남기고 자른 뒤 마무리를 합니다. 14단 첫 번째 코의 앞고리에 흑회색 실을 연결하고 앞고리에만 빼뜨기 63코를 뜹니다. 마무리를 하고 실 끝을 보이지 않게 정리합니다. 등껍질에 분홍색 점들을 바느질하여 붙입니다. 등껍질에 솜을 채우고, 몸통의 27-40단 사이에 등껍질을 바느질하여 붙입니다.

팔

(2개, 세이지그린색으로 시작, 원형뜨기)
1단 실고리로 원형코 만들기, 짧은뜨기 5 [5코]
2단 (늘리기) × 5 [10코]
3-12단 짧은뜨기 10 [10코]
흰색과 프렌치블루색 실로 매 단마다 색깔을 바꾸어 스트라이프 패턴을 뜹니다.
13-16단 짧은뜨기 10 [10코]
17단 (짧은뜨기 3, 줄이기) × 2 [8코]
바느질하기 위해 실을 길게 남기고 자른 뒤 마무리를 합니다. 솜을 채웁니다. 두 팔을 몸통의 양옆, 28-29단 사이에 바느질하여 붙입니다.

꼬리

(세이지그린, 원형뜨기)

1단 실고리로 원형코 만들기, 짧은뜨기 5 [5코]
2단 짧은뜨기 5 [5코]
3단 (늘리기) × 5 [10코]

바느질하기 위해 실을 길게 남기고 자른 뒤 마무리를 합니다. 꼬리에는 솜을 채우지 않아도 됩니다.
꼬리를 몸통의 41-42단 사이, 등껍질 아래 중앙에 바느질하여 붙입니다.

장화

(2개, 노란색)

사슬뜨기 8. 기초사슬코의 양쪽에서 뜨고 타원형 뜨기를 합니다.

1단 코바늘로부터 두번째 사슬에서 시작하여 늘리기, 짧은뜨기 5, 마지막 사슬에서 짧은뜨기 4. 이어서 기초사슬코의 맞은편 고리에 짧은뜨기 5, 늘리기 [18코]

2단 (늘리기) × 2, 짧은뜨기 5, (늘리기) × 4, 짧은뜨기 5, (늘리기) × 2 [26코]

3단 (늘리기) × 2, 짧은뜨기 10, 늘리기, 짧은뜨기 1, 늘리기, 짧은뜨기 10, 늘리기 [31코]

4단 뒷고리에만 짧은뜨기 31 [31코]

5단 짧은뜨기 11, (줄이기) × 2, 짧은뜨기 1, (줄이기) × 2, 짧은뜨기 11 [27코]

6단 짧은뜨기 10, (줄이기) × 5, 짧은뜨기 7 [22코]

7단 짧은뜨기 10, (줄이기) × 2, 짧은뜨기 8 [20코]

8-10단 짧은뜨기 20 [20코]

11단 빼뜨기 20 [20코]

실을 자르고 마무리를 한 뒤, 실 끝을 보이지 않게 정리합니다. 4단 마지막 코의 앞고리에서 오프화이트색 실을 연결하고, 앞고리에만 빼뜨기 31. 실을 자르고 마무리를 한 뒤, 실 끝을 보이지 않게 정리합니다.

고양이 사쓰키

사쓰키는 아기고양이였을 때 처음으로 노트와 48색 색연필을 받았어요. 며칠 동안은 너무 놀랍기도 하고 좋아서 손도 대지 못했어요. 드디어 처음으로 쓰던 날, 한 장도 낭비하지 않고 한 자루도 부러뜨리지 않으려고 조심하고 또 조심했지요. 사쓰키는 노트에 글씨를 쓰고 그림을 그리는 것도 좋지만, 파란 선이 그려진 예쁜 노트와 반짝반짝한 빨간 필통을 쳐다보는 것이 훨씬 좋았습니다. 그 후로 몇 년이 흐르는 동안 문구류를 아주 많이 수집해서 방 안 가득 차게 되었지요. 더 이상 공간이 없게 되자 사쓰키는 아예 창업을 했어요. 그래서 지금은 작고 예쁜 문구점을 운영하는 당당하고 행복한 사장님이랍니다. 파란색 린넨 커튼이 달린 빨간 문을 열고 들어오는 모든 이에게 문구에 대한 열정을 전파할 수 있게 되었어요.

 QR코드를 스캔하면 다양한 피카파우 친구들을 만날 수 있습니다.

주의 머리와 몸통을 하나로 뜹니다.

난이도 ★

키
31cm(제시된 실로 떴을 때)

재료
- 우스티드 실: 애시그레이, 흑회색, 오프화이트, 검은색 약간, 파스텔핑크, 갈색
- 코바늘 C-2/2.75mm
- 검은색 나사형 인형눈(10mm)
- 솜

필요한 기술 실고리로 원형코 만들기(32쪽), 기초사슬코로 타원형뜨기(34쪽), 원형단을 시작하면서 색깔 바꾸기(35쪽), 단 중간에 색깔 바꾸기(35쪽), 몸통을 두 부분으로 나누기(47쪽), 바스켓 스파이크 뜨기(29쪽), 멍석뜨기(28쪽), 자수(38쪽), 연결하기(39쪽)

볼

(2개, 파스텔핑크, 원형뜨기)
1단 실고리로 원형코 만들기, 짧은뜨기 8 [8코]
첫코에 빼뜨기. 바느질하기 위해 실을 길게 남기고 자른 뒤 마무리를 합니다.

주둥이

(오프화이트)
사슬뜨기 6. 기초사슬코의 양쪽에서 뜨고 타원형뜨기를 합니다.
1단 코바늘로부터 두 번째 사슬에서 시작하여 짧은뜨기 4, 마지막 사슬에서 짧은뜨기 3. 이어서 기초사슬코의 맞은편 고리에 짧은뜨기 3, 늘리기 [12코]
2단 늘리기, 짧은뜨기 3, (늘리기) × 3, 짧은뜨기 3, (늘리기) × 2 [18코]
3-4단 짧은뜨기 18 [18코]
바느질하기 위해 실을 길게 남기고 자른 뒤 마무리를 합니다. 검은색 실로 입과 코를 수놓습니다. 주둥이에 솜을 약간 채웁니다.

머리와 몸통

(애시그레이색으로 시작, 원형뜨기)
1단 실고리로 원형코 만들기, 짧은뜨기 6 [6코]
2단 (늘리기) × 6 [12코]
3단 (짧은뜨기 1, 늘리기) × 6 [18코]
4단 (짧은뜨기 2, 늘리기) × 6 [24코]
5단 (짧은뜨기 3, 늘리기) × 6 [30코]
6단 (짧은뜨기 4, 늘리기) × 6 [36코]
7단 (짧은뜨기 5, 늘리기) × 6 [42코]
8단 (짧은뜨기 6, 늘리기) × 6 [48코]
9단 (짧은뜨기 7, 늘리기) × 6 [54코]
10-12단 짧은뜨기 54 [54코]
계속해서 애시그레이색과 오프화이트색 실을 번갈아가며 뜹니다. 괄호에 제시된 색으로 그 뒷부분을 뜨면 됩니다.
13-14단 (애시그레이) 짧은뜨기 26, (오프화이트) 짧은뜨기 2, (애시그레이) 짧은뜨기 26 [54코]
15-16단 (애시그레이) 짧은뜨기 25, (오프화이트) 짧은뜨기 4, (애시그레이) 짧은뜨기 25 [54코]
17단 (애시그레이) 짧은뜨기 24, (오프화이트) 짧은뜨기 6, (애시그레이) 짧은뜨기 24 [54코]

18단 (애시그레이) (짧은뜨기 2, 늘리기) × 7, 짧은뜨기 2,
(오프화이트) (늘리기, 짧은뜨기 2) × 3, (애시그레이) 늘리기,
(짧은뜨기 2, 늘리기) × 7 [72코]
계속해서 오프화이트색 실로 뜹니다.
19-21단 짧은뜨기 72 [72코]
22단 (짧은뜨기 4, 줄이기) × 12 [60코]
23단 (짧은뜨기 3, 줄이기) × 12 [48코]
24단 (짧은뜨기 2, 줄이기) × 12 [36코]
주둥이를 17-22단 사이에 바느질하여 붙입니다. 17-18단 사이에,
주둥이에서 2코 간격을 두고 나사형 인형눈을 끼웁니다. 볼을 나사형
인형눈 아래에 바느질하여 붙입니다. 흑회색 실로 머리 양옆에 가로줄
3개와 코 위에 세로선들을 수놓습니다.
25단 (짧은뜨기 4, 줄이기) × 6 [30코]
26단 (짧은뜨기 3, 줄이기) × 6 [24코]
27단 (짧은뜨기 2, 줄이기) × 6 [18코]
28단 짧은뜨기 18 [18코]
머리에 솜을 충분히 채웁니다. 계속해서 흑회색과 흰색 실로 매 단마다
색깔을 바꾸어 스트라이프 패턴을 뜹니다.
29단 (짧은뜨기 2, 늘리기) × 6 [24코]
30단 (짧은뜨기 3, 늘리기) × 6 [30코]
31-33단 짧은뜨기 30 [30코]
34단 (짧은뜨기 4, 늘리기) × 6 [36코]
35-38단 짧은뜨기 36 [36]
애시그레이색 실로 바꿉니다.
39단 뒷고리에만 짧은뜨기 36 [36코]
40-44단 짧은뜨기 36 [36코]

다리

다리를 만들기 위해 코를 나눕니다. 다리 하나에 15코씩, 두 다리 사이
공간을 위해 앞쪽에 3코, 뒤쪽에 3코로 나눕니다(이때 스티치마커를
사용하면 편리합니다). 두 다리와 머리가 나란하지 않으면 몸통에서
짧은뜨기를 더 뜨거나 코를 풀어 나란하게 맞춥니다. 뒤쪽에 있는
다리의 마지막 코를 앞쪽에 짧은뜨기로 연결합니다(이 짧은뜨기는
다리의 첫 번째 코가 됩니다). 이제 첫 번째 다리의 코들이 원형으로
연결되었습니다. 계속해서 첫 번째 다리를 뜹니다.
46-68단 짧은뜨기 15 [15코]
몸통과 다리에 솜을 충분히 채웁니다.
69단 (짧은뜨기 1, 줄이기) × 5 [10코]
70단 (줄이기) × 5 [5코]
실을 길게 남기고 자른 뒤 마무리를 합니다. 남긴 실을 돗바늘에 꿰어
남은 각 코의 앞고리에 통과시킨 뒤, 세게 잡아당겨서 구멍을 막습니다.
실 끝을 보이지 않게 정리합니다.

두 번째 다리

44단의 뒤쪽에서 뜨지 않은 네 번째 코에 애시그레이색 실을 다시
연결합니다. 시작하는 실을 길게 남깁니다. 여기에서 두 번째 다리를
시작합니다.
45단 짧은뜨기 15. 15번째 코에 이르면, 첫 번째 코에서 짧은뜨기를
하여 원형으로 연결합니다. [15코]
46-70단 첫 번째 다리와 같은 방식으로 뜹니다.
필요하면 솜을 더 채웁니다. 돗바늘을 이용하여 두 다리 사이의 3코를
바느질하여 막습니다.

팔

(2개, 애시그레이색으로 시작, 원형뜨기)

1단 실고리로 원형코 만들기, 짧은뜨기 6 [6코]
2단 (늘리기) × 6 [12코]
3-4단 짧은뜨기 12 [12코]
5단 짧은뜨기 1, 한길긴뜨기 5코 구슬뜨기, 짧은뜨기 10 [12코]
6-12단 짧은뜨기 12 [12코]
계속해서 흰색과 흑회색 실로 매 단마다 색깔을 바꾸어 스트라이프 패턴을 뜹니다.
13-20단 짧은뜨기 12 [12코]
21단 (짧은뜨기 1, 줄이기) × 4 [8코]
바느질하기 위해 실을 길게 남기고 자른 뒤 마무리를 합니다. 솜을 채웁니다.
두 팔을 몸통의 양옆 30-31단 사이에 바느질하여 붙입니다.

귀

(2개, 애시그레이, 원형뜨기)

1단 실고리로 원형코 만들기, 짧은뜨기 5 [5코]
2단 짧은뜨기 5 [5코]
3단 (늘리기) × 5 [10코]
4단 짧은뜨기 10 [10코]
5단 (짧은뜨기 1, 늘리기) × 5 [15코]
6단 짧은뜨기 15 [15코]
7단 (짧은뜨기 2, 늘리기) × 5 [20코]
8단 짧은뜨기 20 [20코]
바느질하기 위해 실을 길게 남기고 자른 뒤 마무리를 합니다. 파스텔핑크색 실로 귀에 스트라이프를 수놓습니다. 바느질하기 전에 편물을 편평하게 폅니다. 귀에는 솜을 채우지 않아요. 귀를 머리의 양옆 3-12단 사이에 바느질하여 붙입니다.

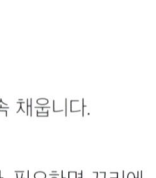

꼬리

(오프화이트색으로 시작, 원형뜨기)

1단 실고리로 원형코 만들기, 짧은뜨기 6 [6코]
2단 (짧은뜨기 1, 늘리기) × 3 [9코]
3-10단 짧은뜨기 9 [9코]
애시그레이색 실로 바꿉니다. 솜을 약간 채우고, 뜨면서 계속 채웁니다.
11-40단 짧은뜨기 9 [9코]
바느질하기 위해 실을 길게 남기고 자른 뒤 마무리를 합니다. 필요하면 꼬리에 솜을 더 채웁니다. 꼬리를 몸통의 뒷면, 41단 중앙에 바느질하여 붙입니다.

점퍼드레스

(갈색)

사슬뜨기 40. 사슬코가 꼬이지 않도록 주의하면서 코바늘을 첫 번째 사슬코에 넣고 빼뜨기를 하여 기초사슬코를 연결합니다. 계속해서 나선형 뜨기를 합니다.

1-2단 짧은뜨기 40 [40코]
3단 (짧은뜨기 9, 늘리기) × 4 [44코]
4단 짧은뜨기 44 [44코]
5단 (짧은뜨기 10, 늘리기) × 4 [48코]
6단 짧은뜨기 48 [48코]
7단 (짧은뜨기 11, 늘리기) × 4 [52코]
8-9단 짧은뜨기 52 [52코]
10단 (짧은뜨기 12, 늘리기) × 4 [56코]
11-12단 짧은뜨기 56 [56코]
13단 (짧은뜨기 13, 늘리기) × 4 [60코]
14-15단 짧은뜨기 60 [60코]
16단 (짧은뜨기 14, 늘리기) × 4 [64코]
17단 빼뜨기 64 [64코]

실을 자르고 마무리를 한 뒤 실 끝을 보이지 않게 정리합니다. 계속해서 가슴받이를 뜹니다. 1단 중앙의 8코에서 시작하여 평면뜨기를 합니다. 겉면을 앞에 놓고 코바늘을 넣어 고리를 잡아 뺍니다.

1단 짧은뜨기 8, 사슬뜨기 2, 방향 바꾸기. [8코]
2단 멍석뜨기 8, 사슬뜨기 1, 방향 바꾸기. [8코]
3단 멍석뜨기 8 [8코]

실을 마무리하지 않고, 어깨끈과 허리를 뜹니다.
사슬뜨기 31, 코바늘로부터 두 번째 사슬에서 시작하여 빼뜨기 30, 가슴받이 왼쪽 단 옆면에 짧은뜨기 3, 허리에서 짧은뜨기 32, 가슴받이 오른쪽 단 옆면에 짧은뜨기 3. 사슬뜨기 31, 코바늘로부터 두 번째 사슬에서 시작하여 빼뜨기 30, 가슴받이 윗면에서 빼뜨기 6.
실을 자르고 마무리를 한 뒤 실 끝을 보이지 않게 정리합니다. 등에서 어깨끈을 교차시킨 뒤 드레스에 8코 간격을 두고 바느질하여 붙입니다. 아니면 어깨끈을 목에 두르고 묶어도 됩니다.

나비넥타이

(파스텔핑크색으로 시작)

사슬뜨기 35. 사슬코가 꼬이지 않도록 주의하면서 코바늘을 첫 번째 사슬코에 넣고 빼뜨기를 하여 기초사슬코를 연결합니다. 계속해서 나선형 뜨기를 합니다.

1단 짧은뜨기 35 [35코]
오프화이트색 실로 바꿉니다.
2단 (뒷고리에만 짧은뜨기 1, 이전 단의 다음 코에서 스파이크 뜨기) 끝까지 반복 [35코]
파스텔핑크색 실로 바꿉니다.
3단 (이전 단의 다음 코에서 스파이크 뜨기, 뒷고리에만 짧은뜨기 1) 끝까지 반복 [35코]
4단 (뒷고리에만 짧은뜨기 1, 이전 단의 다음 코에서 스파이크 뜨기) 끝까지 반복 [35코]
오프화이트색 실로 바꿉니다.
5단 (이전 단의 다음 코에서 스파이크 뜨기, 뒷고리에만 짧은뜨기 1) 끝까지 반복 [35코]
파스텔핑크색 실로 바꿉니다.
6-8단   3-5단 반복
파스텔핑크색 실로 바꿉니다.
9단 (이전 단의 다음 코에서 스파이크 뜨기, 뒷고리에만 짧은뜨기 1) 끝까지 반복 [35코]

실을 자르고 마무리한 뒤 실 끝을 보이지 않게 정리합니다.

가운데 끈

(파스텔핑크)

사슬뜨기 14. 평면뜨기를 합니다.
1단   코바늘로부터 두 번째 사슬에서 시작하여 짧은뜨기 13 [13코]
바느질하기 위해 실을 길게 남기고 자른 뒤 마무리를 합니다. 나비넥타이 모양을 만들고, 넥타이 가운데에 가운데 끈을 바느질하여 연결합니다. 나비넥타이를 한쪽 어깨끈에 바느질하여 붙입니다.

라쿤 마리오

마리오는 버스 기사라는 자기 직업을 정말 좋아합니다. 일주일에 5일, 작은 두 마을을 오가는 버스를 운전하는데, 그 길에 계곡도 통과하고 강가의 작은 촌락도 지나갑니다. 그는 운전을 하면서 계절이 바뀌는 풍경을 보는 것을 좋아해요(그는 시인이기도 합니다). 하지만 그에게 가장 소중한 부분은 버스 승객들과 나누는 대화랍니다. 날씨나 추수 이야기를 하고 다른 사람들에 대한 소문을 서로 주고받는 것을 좋아합니다. 유명 작가들의 인생에 대한 기사를 읽은 후에는 그동안 운전하면서 만났던 사람들의 이야기를 써보자는 생각을 했어요. 그래서 지금은 두 시간의 휴식 시간에 그 이야기들을 쓰고 있습니다. 소재는 충분해서 벌써 3권이나 썼어요. 하지만 아직 좀 더 많은 이야깃거리가 필요하다고 말하고 있죠.

 QR코드를 스캔하면 다양한 피카파우 친구들을 만날 수 있습니다.

주의 별도의 설명이 없으면 C-2/2.75㎜ 코바늘을 사용합니다.
주의 머리와 몸통을 하나로 뜹니다.

난이도★

키
24㎝(제시된 실로 떴을 때)

재료
- 우스티드 실: 연한 웜그레이, 짙은 웜그레이, 회녹색, 머스터드, 오프화이트 약간, 검은색 약간, 파스텔핑크 약간
- 코바늘 C-2/2.75㎜, E-4/3.5㎜
- 검은색 나사형 인형눈(10㎜)
- 솜

필요한 기술 실고리로 원형코 만들기(32쪽), 원형단을 시작하면서 색깔 바꾸기(35쪽), 단 중간에 색깔 바꾸기(35쪽), 평면뜨기, 몸통을 두 부분으로 나누기(47쪽), 짧은앞뒤걸어뜨기(30쪽), 자수(38쪽), 연결하기(39쪽)

주둥이

(검은색으로 시작, 원형뜨기)
1단 실고리로 원형코 만들기, 짧은뜨기 6 [6코]
2단 (늘리기) × 6 [12코]
3단 짧은뜨기 12 [12코]

계속해서 오프화이트색과 짙은 웜그레이색 실을 번갈아가면서 뜹니다. 괄호에 제시된 색으로 그 뒷부분을 뜨면 됩니다.

4단 (오프화이트) 짧은뜨기 4, (짙은 웜그레이) 짧은뜨기 4, (오프화이트) 짧은뜨기 4 [12코]
5단 (오프화이트) (짧은뜨기 1, 늘리기) × 2, (짙은 웜그레이) 짧은뜨기 1, 늘리기) × 2, (오프화이트) (짧은뜨기 1, 늘리기) × 2 [18코]
6-8단 (오프화이트) 짧은뜨기 6, (짙은 웜그레이) 짧은뜨기 6, (오프화이트) 짧은뜨기 6 [18코]

바느질하기 위해 실을 길게 남기고 자른 뒤 마무리를 합니다. 검은색 실로 입을 수놓습니다. 주둥이에 솜을 채웁니다.

머리와 몸통

(연한 웜그레이색으로 시작, 원형뜨기)
1단 실고리로 원형코 만들기, 짧은뜨기 6 [6코]
2단 (늘리기) × 6 [12코]
3단 (짧은뜨기 1, 늘리기) × 6 [18코]
4단 (짧은뜨기 1, 늘리기) × 9 [27코]
5단 (짧은뜨기 2, 늘리기) × 9 [36코]
6단 (짧은뜨기 3, 늘리기) × 9 [45코]
7단 (짧은뜨기 4, 늘리기) × 9 [54코]
8-10단 짧은뜨기 54 [54코]
11단 (짧은뜨기 8, 늘리기) × 6 [60코]

계속해서 연한 웜그레이색과 오프화이트색, 짙은 웜그레이색 실을 번갈아가며 뜹니다. 괄호에 제시된 색으로 그 뒷부분을 뜨면 됩니다.

12단 (연한 웜그레이) 짧은뜨기 19, (오프화이트) 짧은뜨기 22, (연한 웜그레이) 짧은뜨기 19 [60코]
13단 (연한 웜그레이) 짧은뜨기 17, (오프화이트) 짧은뜨기 2, (짙은 웜그레이) 짧은뜨기 22, (오프화이트) 짧은뜨기 2, (연한 웜그레이) 짧은뜨기 17 [60코]
14단 (연한 웜그레이) 짧은뜨기 16, (오프화이트) 짧은뜨기 2, (짙은 웜그레이) 짧은뜨기 24, (오프화이트) 짧은뜨기 2, (연한 웜그레이) 짧은뜨기 16 [60코]

오프화이트색 실을 자르고 마무리한 뒤, 계속해서 연한 웜그레이색과 짙은 웜그레이색을 번갈아가며 뜹니다.

15단 (연한 웜그레이) 짧은뜨기 9, 늘리기, 짧은뜨기 6, (짙은 웜그레이) 짧은뜨기 3, 늘리기, (짧은뜨기 9, 늘리기) × 2, 짧은뜨기 4, (연한 웜그레이) 짧은뜨기 5, 늘리기, 짧은뜨기 9, 늘리기 [66코]

16-18단 (연한 웜그레이) 짧은뜨기 17, (짙은 웜그레이) 짧은뜨기 31, (연한 웜그레이) 짧은뜨기 18 [66코]

19단 (연한 웜그레이) 짧은뜨기 19, (짙은 웜그레이) 짧은뜨기 27, (연한 웜그레이) 짧은뜨기 20 [66코]

20단 (연한 웜그레이) 짧은뜨기 9, 줄이기, 짧은뜨기 9, (짙은 웜그레이) 줄이기, (짧은뜨기 9, 줄이기) × 2, 짧은뜨기 1, (연한 웜그레이) 짧은뜨기 8, 줄이기, 짧은뜨기 9, 줄이기 [60코]

계속해서 연한 웜그레이색 실로 뜹니다.

21단 (짧은뜨기 8, 줄이기) × 6 [54코]

22단 (짧은뜨기 4, 줄이기) × 9 [45코]

주둥이를 15-20단 사이에 바느질하여 붙입니다. 16-17단 사이에, 주둥이에서 3코 간격을 두고 나사형 인형눈을 끼웁니다. 파스텔핑크색 실로 볼을 수놓습니다.

23단 (짧은뜨기 3, 줄이기) × 9 [36코]

24단 (짧은뜨기 4, 줄이기) × 6 [30코]

25단 (짧은뜨기 3, 줄이기) × 6 [24코]

26단 짧은뜨기 24 [24코]

머리에 솜을 채웁니다. 머스터드색 실로 바꿉니다.

27단 (짧은뜨기 3, 늘리기) × 6 [30코]

28단 짧은뜨기 30 [30코]

29단 (짧은뜨기 4, 늘리기) × 6 [36코]

30-31단 짧은뜨기 36 [36코]

32단 (짧은뜨기 5, 늘리기) × 6 [42코]

33-36단 짧은뜨기 42 [42코]

37단 (짧은뜨기 6, 늘리기) × 6 [48코]

38-39단 짧은뜨기 48 [48코]

연한 웜그레이색 실로 바꿉니다.

40단 뒷고리에만 짧은뜨기 48 [48코]

41-47단 짧은뜨기 48 [48코]

48단 (짧은뜨기 6, 줄이기) × 6 [42코]

49-51단 짧은뜨기 42 [42코]

다리

다리를 만들기 위해 코를 나눕니다. 다리 하나에 16코씩, 두 다리 사이 공간을 위해 앞쪽에 5코, 뒤쪽에 5코로 나눕니다(이때 스티치마커를 사용하면 편리합니다). 두 다리와 머리가 나란하지 않으면 몸통에서 짧은뜨기를 더 뜨거나 코를 풀어 나란하게 맞춥니다. 뒤쪽에 있는 다리의 마지막 코를 앞쪽에 짧은뜨기로 연결합니다(이 짧은뜨기는 다리의 첫 번째 코가 됩니다). 이제 첫 번째 다리의 코들이 원형으로 연결되었습니다. 계속해서 첫 번째 다리를 뜹니다.

52-54단 짧은뜨기 16 [16코]

짙은 웜그레이색 실로 바꿉니다.

55단 뒷고리에만 (짧은뜨기 2, 줄이기) × 4 [12코]

56-60단 짧은뜨기 12 [12코]

몸통과 다리에 솜을 충분히 채웁니다.

61단 (줄이기) × 6 [6코]

실을 길게 남기고 자른 뒤 마무리를 합니다. 남긴 실을 돗바늘에 꿰어 남은 각 코의 앞고리에 통과시킨 뒤, 세게 잡아당겨서 구멍을 막습니다. 실 끝을 보이지 않게 정리합니다.

두 번째 다리

51단의 뒤쪽에서 뜨지 않은 여섯 번째 코에 연한 웜그레이색 실을 다시 연결합니다. 시작하는 실을 길게 남깁니다. 여기에서 두 번째 다리의 첫 코를 시작합니다.

52단 짧은뜨기 16. 16번째 코에 이르면, 첫 번째 코에서 짧은뜨기를 하여 원형으로 연결합니다. [16코]

53-61단 첫 번째 다리와 같은 방식으로 뜹니다.

두 번째 다리에 솜을 채우고 필요하면 몸통에 솜을 더 채웁니다. 돗바늘을 이용하여 두 다리 사이의 5코를 바느질하여 막습니다.

팔

(2개, 연한 웜그레이색으로 시작, 원형뜨기)

- **1단** 실고리로 원형코 만들기, 짧은뜨기 6 [6코]
- **2단** 짧은뜨기 6 [6코]
- **3단** (짧은뜨기 1, 늘리기) × 3 [9코]
- **4-5단** 짧은뜨기 9 [9코]
- **6단** (짧은뜨기 2, 늘리기) × 3 [12코]
- **7-12단** 짧은뜨기 12 [12코]

머스터드색 실로 바꿉니다.

- **13-16단** 짧은뜨기 12 [12코]
- **17단** (짧은뜨기 4, 줄이기) × 2 [10코]

바느질하기 위해 실을 길게 남기고 자른 뒤 마무리를 합니다. 솜을 채웁니다.
두 팔을 몸통의 양옆 28-29단 사이에 바느질로 붙입니다.

귀

(2개, 연한 웜그레이색으로 시작, 원형뜨기)
1단 실고리로 원형코 만들기, 짧은뜨기 6 [6코]
2단 (늘리기) × 6 [12코]
계속해서 연한 웜그레이색과 짙은 웜그레이색 실을 번갈아가며 뜹니다. 괄호에 제시된 색으로 그 뒷부분을 뜨면 됩니다.
3단 (연한 웜그레이) 짧은뜨기 2, (짙은 웜그레이) 짧은뜨기 2, (연한 웜그레이) 짧은뜨기 8 [12코]
4-6단 (연한 웜그레이) 짧은뜨기 1, (짙은 웜그레이) 짧은뜨기 4, (연한 웜그레이) 짧은뜨기 7 [12코]
바느질하기 위해 실을 길게 남기고 자른 뒤 마무리를 합니다. 귀에는 솜을 채우지 않아요. 귀를 편평하게 펴고 머리에 바느질로 붙입니다.

꼬리

(짙은 웜그레이색으로 시작, 원형뜨기)
1단 실고리로 원형코 만들기, 짧은뜨기 6 [6코]
2단 (늘리기) × 6 [12코]
3단 (짧은뜨기 1, 늘리기) × 6 [18코]
4단 (짧은뜨기 2, 늘리기) × 6 [24코]
5단 (짧은뜨기 3, 늘리기) × 6 [30코]
6단 (짧은뜨기 4, 늘리기) × 6 [36코]
7-8단 짧은뜨기 36 [36코]
계속해서 연한 웜그레이색과 짙은 웜그레이색 실로 3단씩 번갈아가며 스트라이프 패턴을 뜹니다.
9-11단 짧은뜨기 36 [36코]
12단 (짧은뜨기 7, 줄이기) × 4 [32코]
13-14단 짧은뜨기 32 [32코]
15단 (짧은뜨기 6, 줄이기) × 4 [28코]
16-17단 짧은뜨기 28 [28코]
18단 (짧은뜨기 5, 줄이기) × 4 [24코]
19-20단 짧은뜨기 24 [24코]
21단 (짧은뜨기 4, 줄이기) × 4 [20코]
22-23단 짧은뜨기 20 [20코]
24단 (짧은뜨기 3, 줄이기) × 4 [16코]
25-26단 짧은뜨기 16 [16코]
바느질하기 위해 실을 길게 남기고 자른 뒤 마무리를 합니다. 꼬리에 솜을 채웁니다. 꼬리를 몸통의 뒷면, 43-46단 사이 중앙에 바느질하여 붙입니다.

조끼

(회녹색, E-4/3.5㎜ 코바늘 사용)
사슬뜨기 25, 평면뜨기 합니다.
1단 코바늘로부터 두 번째 사슬에서 시작하여 짧은뜨기 24, 사슬뜨기 2, 방향 바꾸기. [24코]
2단 (긴뜨기 3, 늘리기) × 6, 사슬뜨기 2, 방향 바꾸기. [30코]
3단 (긴뜨기 4, 늘리기) × 6, 사슬뜨기 2, 방향 바꾸기. [36코]
4단 긴뜨기 5, 사슬뜨기 5, 7코 건너뛰기, 긴뜨기 12, 사슬뜨기 5, 7코 건너뛰기, 긴뜨기 5, 사슬뜨기 2, 방향 바꾸기. [32코]
5단 긴뜨기 32, 사슬뜨기 2, 방향 바꾸기. [32코]
6단 (긴뜨기 7, 늘리기) × 4, 사슬뜨기 2, 방향 바꾸기. [36코]
7단 긴뜨기 36, 사슬뜨기 2, 방향 바꾸기. [36코]
8-9단 (긴뜨기 앞걸어뜨기 1, 긴뜨기 뒤걸어뜨기 1) × 18 [36코]
방향을 바꾸지 않고, 조끼의 가장자리를 따라 짧은뜨기를 합니다. 한쪽 단 옆면에서 시작해서 목둘레를 지나 반대쪽 단 옆면으로 진행합니다. 실을 자르고 마무리를 한 뒤 실 끝을 보이지 않게 정리합니다.

67

꿀벌 애거사

꿀벌 애거사의 가족은 대가족인데, 벌꿀 농장에서 일합니다. 애거사는 가족과 그들이 하는 일을 사랑합니다. 하지만 어렸을 때부터 벌꿀 일이 자신에게는 맞지 않다는 것을 알았어요. 애거사는 여행을 하고 싶었지만, 멀리까지는 갈 수 없었답니다(뉴질랜드의 마거리트 꽃밭에서 태어난 애거사가 바다를 건너가려면 분명 멀미를 할 것이고 날개가 크지 않았거든요). 운 좋게도 해변으로 갔던 첫 번째 여행에서 출중한 타투 전문가들을 만났고, 바로 그때 자기가 원하는 직업이 무엇인지 알게 되었어요. 지금은 인턴으로 일하면서 타투에 대하여 알아가면서… 온몸에 타투를 하고 있습니다. 하지만 애거사의 부모님께는 비밀이에요(그래도 할아버지는 애거사의 새 타투를 좋아하실 거예요).

 QR코드를 스캔하면 다양한 피카파우 친구들을 만날 수 있습니다.

주의 머리와 몸통을 하나로 뜹니다.

난이도 ★

키
18cm(제시된 실로 떴을 때)

재료
- 우스티드 실: 오커옐로, 회녹색, 오프화이트, 흑회색, 파스텔핑크, 검은색 약간
- 코바늘 C-2/2.75mm
- 검은색 나사형 인형눈(타원형, 12mm)
- 솜

필요한 기술 실고리로 원형코 만들기(32쪽), 기초사슬코로 타원형뜨기(34쪽), 원형단을 시작하면서 색깔 바꾸기(35쪽), 도안 보고 자카드 무늬 뜨기(36쪽), 자수(38쪽), 연결하기(39쪽)

볼

(2개, 파스텔핑크, 원형뜨기)
1단   실고리로 원형코 만들기, 짧은뜨기 6 [6코]
첫코에 빼뜨기. 바느질하기 위해 실을 길게 남기고 자른 뒤 마무리를 합니다.

머리와 몸통

(오커옐로색으로 시작, 원형뜨기)
1단   실고리로 원형코 만들기, 짧은뜨기 6 [6코]
2단   (늘리기) × 6 [12코]
3단   (짧은뜨기 1, 늘리기) × 6 [18코]
4단   (짧은뜨기 2, 늘리기) × 6 [24코]
5단   (짧은뜨기 3, 늘리기) × 6 [30코]
6단   (짧은뜨기 4, 늘리기) × 6 [36코]
7단   (짧은뜨기 5, 늘리기) × 6 [42코]
8단   (짧은뜨기 6, 늘리기) × 6 [48코]
9-14단   짧은뜨기 48 [48코]
계속해서 회녹색과 오프화이트색 실로 3코씩 색깔을 바꾸어 세로 스트라이프 패턴을 뜹니다(70쪽 그림 도안 참조).
15단에서 늘리기를 2코로 셉니다. 그러면 늘리기가 같은 색깔 2코로 될 때도 있고 다른 색깔로 1코씩 될 때도 있습니다.

15단   (짧은뜨기 3, 늘리기) × 12 [60코]
16-19단   뒷고리에만 짧은뜨기 60 [60코]
12-13단 사이에 10코 간격을 두고 나사형 인형눈을 끼웁니다.
검은색 실로 입을 수놓습니다. 볼을 눈 옆에 바느질하여 붙입니다. 계속해서 흑회색 1단과 도트 패턴(흑회색 2코, 회녹색 1코) 1단을 번갈아 뜹니다(70쪽 그림 도안 참조). 괄호에 제시된 색깔 또는 무늬로 해당 단을 뜨면 됩니다.
20단   (흑회색) (짧은뜨기 3, 줄이기) × 12 [48코]
21단   (도트 패턴) 짧은뜨기 48 [48코]
22단   (흑회색) 짧은뜨기 48 [48코]
23단   (흑회색 1코, 회녹색 1코에 이어 도트 패턴) 짧은뜨기 48 [48코]
24단   (흑회색) 짧은뜨기 48 [48코]

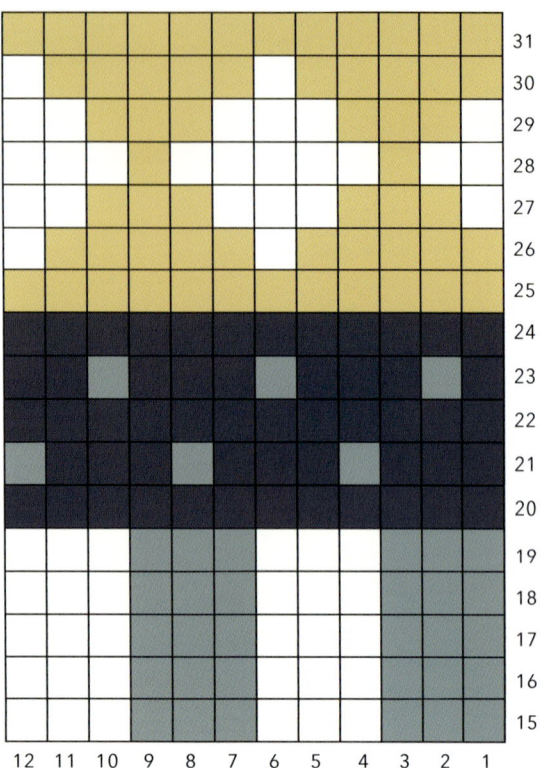

오커옐로색 실로 바꿉니다. 계속해서 오커옐로색과 오프화이트색 실로 다이아몬드 패턴을 뜹니다(위의 그림 도안 참조).

25단 (짧은뜨기 7, 늘리기) × 6 [54코]

26-31단 짧은뜨기 54 [54코]

흑회색 실로 바꿉니다.

32-33단 짧은뜨기 54 [54코]

오커옐로색 실로 바꿉니다.

34-35단 짧은뜨기 54 [54코]

36단 (짧은뜨기 7, 줄이기) × 6 [48코]

37단 (짧은뜨기 6, 줄이기) × 6 [42코]

계속해서 오프화이트색과 오커옐로색 실로 매 단마다 색깔을 바꾸어 스트라이프 패턴을 뜹니다.

38단 짧은뜨기 42 [42코]

39단 (짧은뜨기 5, 줄이기) × 6 [36코]

40단 짧은뜨기 36 [36코]

41단 (짧은뜨기 4, 줄이기) × 6 [30코]

몸통에 솜을 충분히 채웁니다.

42단 (짧은뜨기 3, 줄이기) × 6 [24코]

43단 (짧은뜨기 2, 줄이기) × 6 [18코]

44단 (짧은뜨기 1, 줄이기) × 6 [12코]

45단 (줄이기) × 6 [6코]

실을 길게 남기고 자른 뒤 마무리를 합니다. 남긴 실을 돗바늘에 꿰어 남은 각 코의 앞고리에 통과시킨 뒤, 세게 잡아당겨서 구멍을 막습니다. 실 끝을 보이지 않게 정리합니다.

정수리 털

(오커옐로색)

정수리에서 3단의 오커옐로색 고리 하나를 끌어 올립니다.
사슬뜨기 6, 방향 바꾸기. 코바늘로부터 두 번째 사슬에서 시작하여
빼뜨기 5 [5코]. 다음 코에서 빼뜨기를 하여 머리에 연결합니다.
다음 코에 코바늘을 넣어 사슬뜨기 8. 방향을 바꾸어 코바늘로부터 두 번째 사슬에서
시작하여 빼뜨기 7. 다음 코에서 빼뜨기를 하여 머리에 연결합니다.
다음 코에 코바늘을 넣어 사슬뜨기 10. 방향을 바꾸어 코바늘로부터 두 번째 사슬에서
시작하여 빼뜨기 9. 다음 코에서 빼뜨기를 하여 머리에 연결합니다. 실 끝을 보이지 않게
정리합니다.

팔

(2개, 흑회색, 원형뜨기)
1단 실고리로 원형코 만들기, 짧은뜨기 7 [7코]
2-11단 짧은뜨기 7 [7코]
바느질하기 위해 실을 길게 남기고 자른 뒤 마무리를 합니다. 솜을 약간 채웁니다.
두 팔을 몸통의 양옆 21-22단 사이에 바느질로 붙입니다.

다리

(2개, 흑회색, 원형뜨기)
1단 실고리로 원형코 만들기, 짧은뜨기 7 [7코]
2-18단 짧은뜨기 7 [7코]
바느질하기 위해 실을 길게 남기고 자른 뒤 마무리를 합니다. 솜을 약간 채웁니다.
두 다리를 몸통의 양옆 35-36단 사이에 바느질로 붙입니다.

작은 날개

(2개, 파스텔핑크, 원형뜨기)
1단 실고리로 원형코 만들기, 짧은뜨기 6 [6코]
2단 (늘리기) × 6 [12코]
3-8단 짧은뜨기 12 [12코]
바느질하기 위해 실을 길게 남기고 자른 뒤 마무리를 합니다. 솜은 채우지 않아요. 날개를 편평하게 편 뒤, 20-24단 사이의 등에 11코 간격을 두고 바느질하여 붙입니다.

큰 날개

(2개, 파스텔핑크, 원형뜨기)
1단 실고리로 원형코 만들기, 짧은뜨기 6 [6코]
2단 (늘리기) × 6 [12코]
3-10단 짧은뜨기 12 [12코]
바느질하기 위해 실을 길게 남기고 자른 뒤 마무리를 합니다. 솜은 채우지 않아요. 날개를 편평하게 편 뒤, 작은 날개 사이에 바느질하여 붙입니다. (72쪽 사진 참조)

벌침

(회녹색, 원형뜨기)
1단 실고리로 원형코 만들기, 짧은뜨기 6 [6코]
2단 짧은뜨기 [6코]
3단 (짧은뜨기 1, 늘리기) × 3 [9코]
4-5단 짧은뜨기 9 [9코]
바느질하기 위해 실을 길게 남기고 자른 뒤 마무리를 합니다. 솜을 약간 채웁니다. 벌침을 대략 35단의 뒷면 가운데에 바느질하여 붙입니다.

부추

(2개, 파스텔핑크)
사슬뜨기 6. 기초사슬코의 양쪽에서 뜨고 타원형뜨기를 합니다.
1단 코바늘로부터 두 번째 사슬에서 시작하여 늘리기, 짧은뜨기 3, 마지막 사슬에서 짧은뜨기 4. 이어서 기초사슬코의 맞은편 고리에 짧은뜨기 3, 늘리기 [14코]
2단 (늘리기) × 2, 짧은뜨기 4, (늘리기) × 3, 짧은뜨기 4, 늘리기 [20코]
3단 뒷고리에만 짧은뜨기 9, (줄이기) × 2, 짧은뜨기 7 [18코]
4단 짧은뜨기 6, (줄이기) × 4, 짧은뜨기 4 [14코]
5단 짧은뜨기 6, (줄이기) × 2, 짧은뜨기 4 [12코]
6-7단 짧은뜨기 12 [12코]
8단 빼뜨기 12 [12코]
실을 자르고 마무리한 뒤 실 끝을 보이지 않게 정리합니다. 3단의 마지막 코 앞고리에서 파스텔핑크색 실을 연결하고, 앞고리에만 빼뜨기 20.
실을 자르고 마무리한 뒤 실 끝을 보이지 않게 정리합니다.

부엉이 뉴턴

뉴턴은 지도제작자입니다. 태평양에서 새로 발견된 섬들의 지도를 만들던 중에 거북이 다윈을 만나 가장 친한 친구가 되었어요. 둘은 자주 보지는 못하지만, 떨어져 있는 동안 알게 된 것들을 아주 세세하고 길게 편지로 씁니다. 다윈은 직접 본 무당벌레의 반점 수에 대해 몇 페이지고 쓸 수 있어요. 뉴턴은 별로 관심이 없지만 다윈의 열정을 아주 좋아해서 불평을 하진 않아요. 심지어 다윈의 삼촌이 찰스 다윈을 만난 일에 대해서는 이미 여러 번 읽었지만, 같은 내용의 편지가 또 와도 절대 아무 말 하지 않습니다. 그리고 뉴턴이 가장 좋아하는 일이 상상 속의 세계에 대한 상상의 지도를 만드는 것이기 때문에 이런 자세한 설명이 유용할 때도 있어요. 여러분이 믿든 안 믿든, 여러분이 아는 많은 보드 게임과 이야기, 영화 속 지도를 바로 뉴턴이 계획하고 제작했답니다.

 QR코드를 스캔하면 다양한 피카파우 친구들을 만날 수 있습니다.

주의 머리와 몸통을 하나로 뜹니다.
주의 뉴턴의 자카드 무늬 뜨기는 앞뒤고리 아래로 뜹니다. 자카드 무늬의 사각형이 한쪽으로 쏠릴 수 있는데, 이를 방지하기 위해 앞고리에만 떠도 됩니다.

난이도★

키
16cm(제시된 실로 떴을 때, 귀털 포함)

재료
- 우스티드 실: 페트롤블루, 오프화이트, 파스텔핑크, 러스티레드
- 코바늘 C-2/2.75mm
- 검은색 나사형 인형눈(타원형, 12mm)
- 솜

필요한 기술 실고리로 원형코 만들기(32쪽), 단 중간에서 색깔 바꾸기(35쪽), 도안에 따라 자카드 무늬 뜨기(36쪽), 자수(38쪽), 연결하기(39쪽)

부리

(러스티레드, 원형뜨기)
1단 실고리로 원형코 만들기, 짧은뜨기 5 [5코]
2단 짧은뜨기 5 [5코]
3단 (늘리기) × 5 [10코]
바느질하기 위해 실을 길게 남기고 자른 뒤 마무리를 합니다.
솜은 채우지 않아요. 부리를 편평하게 폅니다.

머리와 몸통

(페트롤블루색으로 시작, 원형뜨기)
1단 실고리로 원형코 만들기, 짧은뜨기 6 [6코]
2단 (늘리기) × 6 [12코]
3단 (짧은뜨기 1, 늘리기) × 6 [18코]
4단 (짧은뜨기 2, 늘리기) × 6 [24코]
5단 (짧은뜨기 3, 늘리기) × 6 [30코]
6단 (짧은뜨기 4, 늘리기) × 6 [36코]
7단 (짧은뜨기 5, 늘리기) × 6 [42코]
8단 (짧은뜨기 6, 늘리기) × 6 [48코]
9단 (짧은뜨기 7, 늘리기) × 6 [54코]
10단 (짧은뜨기 8, 늘리기) × 6 [60코]
계속해서 페트롤블루와 오프화이트색 실을 번갈아가며 뜹니다. 괄호에 제시된 색으로 그 뒷부분을 뜨면 됩니다.
11단 (페트롤블루) 짧은뜨기 21, (오프화이트) 짧은뜨기 6, (페트롤블루) 짧은뜨기 6, (오프화이트) 짧은뜨기 6, (페트롤블루) 짧은뜨기 21 [60코]
12단 (페트롤블루) 짧은뜨기 20, (오프화이트) 짧은뜨기 8, (페트롤블루) 짧은뜨기 4, (오프화이트) 짧은뜨기 8, (페트롤블루) 짧은뜨기 20 [60코]
13단 (페트롤블루) 짧은뜨기 19, (오프화이트) 짧은뜨기 10, (페트롤블루) 짧은뜨기 2, (오프화이트) 짧은뜨기 10, (페트롤블루) 짧은뜨기 19 [60코]
14-21단 (페트롤블루) 짧은뜨기 18, (오프화이트) 짧은뜨기 24, (페트롤블루) 짧은뜨기 18 [60코]
부리를 오프화이트색 조각의 중간, 15-19단 사이에 바느질하여 붙입니다. 16-17단 사이에, 부리에서 5코 간격을 두고 나사형 인형눈을 끼웁니다. 파스텔핑크색 실로 볼을 눈 뒤에 수놓습니다.

22단 (페트롤블루) (짧은뜨기 1, 줄이기) × 6, (오프화이트) (짧은뜨기 1, 줄이기) × 8, (페트롤블루) (짧은뜨기 1, 줄이기) × 6 [40코]

23단 (페트롤블루) (짧은뜨기 2, 줄이기) × 3, (오프화이트) (짧은뜨기 2, 줄이기) × 4, (페트롤블루) (짧은뜨기 2, 줄이기) × 3 [30코]

머리에 솜을 충분히 채웁니다. 계속해서 오프화이트색, 파스텔핑크색, 러스티레드색 실을 번갈아가며 사용하여 자카드 무늬 뜨기를 합니다(아래 그림 도안 참조).

24단 ((오프화이트) 짧은뜨기 3, (파스텔핑크) 짧은뜨기 1, 늘리기) × 6 [36코]

25-35단 짧은뜨기 36 [36코]

페트롤블루색 실로 바꿉니다.

36단 짧은뜨기 36 [36코]

37단 (짧은뜨기 4, 줄이기) × 6 [30코]

38단 (짧은뜨기 3, 줄이기) × 6 [24코]

39단 (짧은뜨기 2, 줄이기) × 6 [18코]

몸통에 솜을 충분히 채웁니다.

40단 (짧은뜨기 1, 줄이기) × 6 [12코]

41단 (줄이기) × 6 [6코]

바느질하기 위해 실을 길게 남기고 자른 뒤 마무리를 합니다. 남긴 실을 돗바늘에 꿰어 남은 각 코의 앞고리에 통과시킨 뒤 세게 잡아당겨서 구멍을 막습니다. 실 끝을 보이지 않게 정리합니다.

날개

(2개, 페트롤블루, 원형뜨기)

1단 실고리로 원형코 만들기, 짧은뜨기 6 [6코]

2단 (늘리기) × 6 [12코]

3단 (짧은뜨기 1, 늘리기) × 6 [18코]

4단 (짧은뜨기 2, 늘리기) × 6 [24코]

5-10단 짧은뜨기 24 [24코]

11단 (짧은뜨기 1, 늘리기) × 12 [36코]

이제 날개의 코를 나누어 깃털 3개(각 12코)를 만듭니다(96쪽의 사진 참조).

첫 번째 깃털

1단 짧은뜨기 6, 빼뜨기로 마지막 코를 이전 단의 31번째 코에 연결합니다. 이 코가 다음 단의 첫 번째 코입니다.

2단 짧은뜨기 12 [12코]

3단 (줄이기) × 6 [6코]

실을 길게 남기고 자른 뒤 마무리를 합니다. 남긴 실을 돗바늘에 꿰어 남은 각 코의 앞고리에 통과시킨 뒤 세게 잡아당겨서 구멍을 막습니다. 실 끝을 보이지 않게 정리합니다.

두 번째 깃털

첫 번째 깃털 왼쪽의 코에 페트롤블루색 실을 다시 연결합니다.

1단 짧은뜨기 6, 마지막 코를 첫 번째 깃털의 오른쪽으로 여섯 번째 코에 연결합니다. 이 코가 다음 단의 첫 번째 코입니다.

2-3단 첫 번째 깃털의 2-3단을 반복합니다.

실을 길게 남기고 자른 뒤 마무리를 합니다. 남긴 실을 돗바늘에 꿰어 남은 각 코의 앞고리에 통과시킨 뒤 세게 잡아당겨서 구멍을 막습니다. 실 끝을 보이지 않게 정리합니다.

세 번째 깃털

두 번째 깃털 왼쪽의 코에 페트롤블루색 실을 다시 연결합니다.

1-2단 짧은뜨기 12 [12코]

3단 (줄이기) × 6 [6코]

실을 길게 남기고 자른 뒤 마무리를 합니다. 남긴 실을 돗바늘에 꿰어 남은 각 코의 앞고리에 통과시킨 뒤 세게 잡아당겨서 구멍을 막습니다. 실 끝을 보이지 않게 정리합니다. 날개를 몸통에 바느질하여 붙입니다.

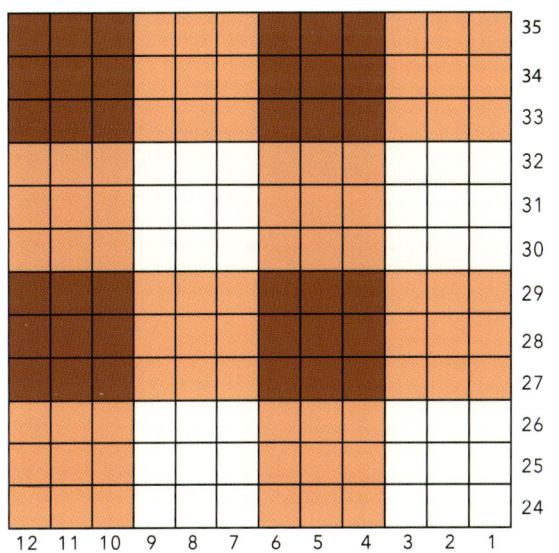

귀털

(4개, 페트롤블루, 원형뜨기)
1단 실고리로 원형코 만들기, 짧은뜨기 8 [8코]
2-5단 짧은뜨기 8 [8코]
바느질하기 위해 실을 길게 남기고 자른 뒤 마무리를 합니다. 솜은 채우지 않아요. 귀털을 머리 위 양쪽에 2개씩 바느질하여 붙입니다.

발

(2개, 페트롤블루, 원형뜨기)
1단 실고리로 원형코 만들기, 짧은뜨기 8 [8코]
2-3단 짧은뜨기 8 [8코]
바느질하기 위해 실을 길게 남기고 자른 뒤 마무리를 합니다. 솜을 약간 채웁니다. 발을 앞면 34-36단 사이에 바느질하여 붙입니다.

꼬리

(페트롤블루, 원형뜨기)
1단 실고리로 원형코 만들기, 짧은뜨기 6 [6코]
2단 (늘리기) × 6 [12코]
3단 (짧은뜨기 1, 늘리기) × 6 [18코]
4-9단 짧은뜨기 18 [18코]
바느질하기 위해 실을 길게 남기고 자른 뒤 마무리를 합니다.
파스텔핑크색 실로 꼬리에 장식 수를 놓습니다.

나무늘보 오티스

오티스는 평생 하고 싶은 일이 무엇일까 알아내느라 힘들었습니다. 그는 끈기 있는 성격이지만(네, 우리가 아는 나무늘보 이미지 그대로입니다), 거의 아무것도 안 하는 생활이 서서히 지루해졌어요. 그래서 우선 DJ가 되어보려고 했지만, 시끄러운 현대 음악이 싫었어요. 그다음에는 음식점에서 일해보려고 했지요. 하지만 슬프게도 고객들이 뜨거운 음식을 원하는 별난 습관을 갖고 있었습니다. 결국 오티스는 다음 기회가 생길 때까지 기다리기로 했어요(스트레스는 피부에 안 좋아요). 그런데 알다시피 새로운 직업이 바로 생겼어요. 친구인 거미원숭이 루피타가 우주망원경을 밤에 지킬 사람이 필요하다고 말했거든요. 이렇게 해서 오티스는 편한 나뭇가지에 누워 밤하늘을 보는 꿈꾸던 일자리를 얻게 되었답니다.

 QR코드를 스캔하면 다양한 피카파우 친구들을 만날 수 있습니다.

주의 별도의 설명이 없으면 C-2/2.75㎜ 코바늘을 사용합니다.
주의 머리와 몸통을 하나로 뜹니다.

난이도 ★

키
30㎝(제시된 실로 떴을 때)

재료
- 우스티드 실: 밍크브라운, 오프화이트, 파스텔핑크 약간, 짙은 웜그레이 약간, 노란색, 연한 아쿠아블루 약간, 회녹색, 검은색 약간
- 핑거링 또는 라이트 스포트 실: 오프화이트
- 코바늘 B-1/2㎜, C-2/2.75㎜, D-3/3.25㎜
- 검은색 나사형 인형눈(10㎜)
- 솜

필요한 기술 실고리로 원형코 만들기(32쪽), 기초사슬코로 타원형뜨기(34쪽), 원형단을 시작하면서 색깔 바꾸기(35쪽), 단 중간에서 색깔 바꾸기(35쪽), 평면뜨기, 자수(38쪽), 연결하기(39쪽)

코

(짙은 웜그레이, 원형뜨기)
1단 실고리로 원형코 만들기, 짧은뜨기 6 [6코]
2단 (늘리기) × 6 [12코]
3-6단 짧은뜨기 12 [12코]
7단 (짧은뜨기 3, 늘리기) × 3 [15코]
8단 짧은뜨기 15 [15코]
바느질하기 위해 실을 길게 남기고 자른 뒤 마무리를 합니다.
검은색 실로 4-5단 사이의 가운데 4코 위에 코를 수놓습니다.
검은색 실로 입을 수놓습니다. 코에는 솜을 채우지 않아도 되며, 편평하게 폅니다.

볼

(2개, 파스텔핑크, 원형뜨기)
1단 실고리로 원형코 만들기, 짧은뜨기 8 [8코]
첫코에 빼뜨기. 바느질하기 위해 실을 길게 남기고 자른 뒤 마무리를 합니다.

머리와 몸통

(밍크브라운색으로 시작, 원형뜨기)
1단 실고리로 원형코 만들기, 짧은뜨기 6 [6코]
2단 (늘리기) × 6 [12코]
3단 (짧은뜨기 1, 늘리기) × 6 [18코]
4단 (짧은뜨기 1, 늘리기) × 9 [27코]
5단 (짧은뜨기 2, 늘리기) × 9 [36코]
6단 (짧은뜨기 3, 늘리기) × 9 [45코]
7단 (짧은뜨기 4, 늘리기) × 9 [54코]
8단 (짧은뜨기 8, 늘리기) × 6 [60코]
9단 짧은뜨기 60 [60코]
계속해서 밍크브라운색과 오프화이트색 실을 번갈아 뜹니다. 괄호에 제시된 색으로 그 뒷부분을 뜨면 됩니다.
10단 (밍크) 짧은뜨기 21, (오프화이트) 짧은뜨기 18, (밍크) 짧은뜨기 21 [60코]
11단 (밍크) 짧은뜨기 20, (오프화이트) 짧은뜨기 20, (밍크) 짧은뜨기 20 [60코]
12단 (밍크) 짧은뜨기 18, (오프화이트) 짧은뜨기 4, (밍크) 짧은뜨기 3, (오프화이트) 짧은뜨기 10, (밍크) 짧은뜨기 3, (오프화이트) 짧은뜨기 4, (밍크) 짧은뜨기 18 [60코]

13단 (밍크) 짧은뜨기 18, (오프화이트) 짧은뜨기 2, (밍크) 짧은뜨기 6, (오프화이트) 짧은뜨기 8, (밍크) 짧은뜨기 6, (오프화이트) 짧은뜨기 2, (밍크) 짧은뜨기 18 [60코]

14-16단 (밍크) 짧은뜨기 26, (오프화이트) 짧은뜨기 8, (밍크) 짧은뜨기 26 [60코]

17단 (밍크) 짧은뜨기 20, (오프화이트) 짧은뜨기 2, (밍크) 짧은뜨기 4, (오프화이트) 짧은뜨기 8, (밍크) 짧은뜨기 4, (오프화이트) 짧은뜨기 2, (밍크) 짧은뜨기 20 [60코]

18단 (밍크) 짧은뜨기 19, (오프화이트) 짧은뜨기 3, (밍크) 짧은뜨기 3, (오프화이트) 짧은뜨기 10, (밍크) 짧은뜨기 3, (오프화이트) 짧은뜨기 3, (밍크) 짧은뜨기 19 [60코]

19단 (밍크) 짧은뜨기 20, (오프화이트) 짧은뜨기 20, (밍크) 짧은뜨기 20 [60코]

20단 (밍크) 짧은뜨기 22, (오프화이트) 짧은뜨기 16, (밍크) 짧은뜨기 22 [60코]

21단 (밍크) 짧은뜨기 24, (오프화이트) 짧은뜨기 12, (밍크) 짧은뜨기 24 [60코]

계속해서 밍크브라운색 실로 뜹니다.

22단 짧은뜨기 60 [60코]
23단 (짧은뜨기 3, 줄이기) × 12 [48코]
24단 (짧은뜨기 2, 줄이기) × 12 [36코]

코를 흰색 조각 가운데, 11-20단 사이에 바느질하여 붙입니다. 16-17단 사이에, 코에서 4코 간격을 두고 나사형 인형눈을 끼웁니다. 볼을 머리에 바느질하여 붙입니다.

25단 (짧은뜨기 4, 줄이기) × 6 [30코]
26단 짧은뜨기 30 [30코]

머리에 솜을 충분히 채웁니다. 계속해서 오프화이트색 1단, 회녹색 2단의 스트라이프 패턴을 뜹니다.

27단 (짧은뜨기 4, 늘리기) × 6 [36코]
28단 (짧은뜨기 5, 늘리기) × 6 [42코]
29-34단 짧은뜨기 42 [42코]
35단 (짧은뜨기 6, 늘리기) × 6 [48코]
36단 짧은뜨기 48 [48코]

밍크브라운색 실로 바꿉니다.

37단 뒷고리에만 짧은뜨기 48 [48코]
38-42단 짧은뜨기 48 [48코]
43단 (짧은뜨기 6, 줄이기) × 6 [42코]
44단 (짧은뜨기 5, 줄이기) × 6 [36코]
45단 (짧은뜨기 4, 줄이기) × 6 [30단]
46단 (짧은뜨기 3, 줄이기) × 6 [24코]
47단 (짧은뜨기 2, 줄이기) × 6 [18코]

몸통에 솜을 충분히 채웁니다.

48단 (짧은뜨기 1, 줄이기) × 6 [12코]
49단 (줄이기) × 6 [6코]

실을 길게 남기고 자른 뒤 마무리를 합니다. 남긴 실을 돗바늘에 꿰어 남은 각 코의 앞고리에 통과시킨 뒤 세게 잡아당겨서 구멍을 막습니다. 실 끝을 보이지 않게 정리합니다.

다리

(2개, 밍크브라운, 원형뜨기)

1단 실고리로 원형코 만들기, 짧은뜨기 6 [6코]
2단 (늘리기) × 6 [12코]
3단 (짧은뜨기 1, 늘리기) × 6 [18코]
4단 (짧은뜨기 2, 늘리기) × 6 [24코]
5-8단 짧은뜨기 24 [24코]
9단 (짧은뜨기 6, 줄이기) × 3 [21코]
10-12단 짧은뜨기 21 [21코]
13단 (짧은뜨기 5, 줄이기) × 3 [18코]
14-16단 짧은뜨기 18 [18코]
17단 (짧은뜨기 4, 줄이기) × 3 [15코]
18-20단 짧은뜨기 15 [15코]

다리에 솜을 채운 뒤 뜨면서 계속 채웁니다.

21단 (짧은뜨기 3, 줄이기) × 3 [12코]
22-27단 짧은뜨기 12 [12코]

바느질하기 위해 실을 길게 남기고 자른 뒤 마무리를 합니다. 필요하면 솜을 더 채웁니다. 두 다리를 몸통의 양쪽 41-42단 사이에 바느질하여 붙입니다.

팔

(2개, 밍크브라운색으로 시작, 원형뜨기)

1단 실고리로 원형코 만들기, 짧은뜨기 6 [6코]
2단 늘리기 6 [12코]
3단 (짧은뜨기 1, 늘리기) × 6 [18코]
4단 (짧은뜨기 5, 늘리기) × 3 [21코]
5-9단 짧은뜨기 21 [21코]
10단 (짧은뜨기 5, 줄이기) × 3 [18코]
11-14단 짧은뜨기 18 [18코]
15단 (짧은뜨기 4, 줄이기) × 3 [15코]
16-19단 짧은뜨기 15 [15코]
20단 (짧은뜨기 3, 줄이기) × 3 [12코]
21단 짧은뜨기 12 [12코]

회녹색 실로 바꿉니다. 계속해서 오프화이트색 1단, 회녹색 2단의 스트라이프 패턴을 뜹니다.

22-24단 짧은뜨기 12 [12코]
25단 (짧은뜨기 2, 줄이기) × 3 [9코]

바느질하기 위해 실을 길게 남기고 자른 뒤 마무리를 합니다. 솜을 채웁니다. 두 팔을 몸통의 양옆 28-29단 사이에 바느질하여 붙입니다.

손가락

(12개, 핑거링 실, B-1/2㎜ 코바늘 사용, 오프화이트, 원형뜨기)

1단 실고리로 원형코 만들기, 짧은뜨기 6 [6코]
2-8단 짧은뜨기 6 [6코]

바느질하기 위해 실을 길게 남기고 자른 뒤 마무리를 합니다. 솜은 채우지 않아요. 각 팔에 손가락 3개씩, 각 다리에 발가락 3개씩 바느질하여 붙입니다.

모자

(노란색, D-3/3.25mm 코바늘 사용)
사슬뜨기 32, 평면뜨기 합니다.

1단 코바늘로부터 세 번째 사슬에서 시작하여 긴뜨기 30, 사슬뜨기 2, 방향 바꾸기. [30코]

2-27단 뒷고리에만 긴뜨기 30, 사슬뜨기 2, 방향 바꾸기. [30코]

28단 뒷고리에만 긴뜨기 30 [30코]
바느질하기 위해 실을 길게 남기고 자른 뒤 마무리를 합니다. 이제 직사각형의 편물이 완성되었습니다. 남긴 실을 돗바늘에 꿰고, 1단과 28단을 잡아 양끝을 바느질하여 원통 모양을 만듭니다.

실 끝을 자르지 않고, 같은 실을 원통의 꼭대기에서 각 단의 끝에 통과시킨 뒤, 세게 잡아당겨 꼭대기를 오므립니다. 앞뒤를 오가며 바느질하여 모자의 구멍을 막고 실 끝은 보이지 않게 정리한 뒤, 모자를 뒤집습니다. 연한 아쿠아블루색 실로 지름 5cm의 폼폼을 만들어 모자 꼭대기에 바느질하여 붙입니다.

얼룩말 헨리에트

헨리에트는 잠들지 않는 도시인 뉴욕에서 아주 멀리 떨어진 곳에서 태어났지만, 어쨌든 지금은 이 도시의 미술관에서 일과 공부를 함께 하고 있습니다. 분주하고 약간 냄새도 나는 뉴욕의 거리를 하이힐을 신고 행복하게 걸어 다니며 전 세계에서 온 온갖 동물을 관찰하고 있어요. 하지만 어린 시절 집에서 먹었던 맛있는 음식이 그립기도 합니다. 몇 달 전에는 할머니께 전화해서 할머니의 레시피에 대해 모두 물어봤어요. 할머니가 뉴욕에 절대 오지 않겠다고 했기 때문에, 헨리에트는 뉴욕 최고의 잠발라야와 검보 요리사가 되기로 했습니다. 앞으로 헨리에트가 문을 열 작은 레스토랑은 고객이 새벽까지 예술에 대해 논할 수 있는 곳이 될 거예요.

 QR코드를 스캔하면 다양한 피카파우 친구들을 만날 수 있습니다.

주의 우스티드 실과 핑거링 실 모두 C-2/2.75㎜ 코바늘을 사용하세요.

난이도 ★

키
35㎝(제시된 실로 떴을 때, 귀 포함)

재료
- 우스티드 실: 오프화이트, 흑회색, 연한 웜그레이
- 핑거링 또는 라이트 스포트 실: 파스텔핑크, 갈색, 머스터드 약간
- 코바늘 C-2/2.75㎜
- 검은색 나사형 인형눈(타원형, 12㎜)
- 솜

필요한 기술 실고리로 원형코 만들기(32쪽), 기초사슬코로 타원형뜨기(34쪽), 원형단을 시작하면서 색깔 바꾸기(35쪽), 몸통을 두 부분으로 나누기(47쪽), 평면뜨기, 자수(38쪽), 연결하기(39쪽)

머리

(연한 웜그레이로 시작, 원형뜨기)
1단 실고리로 원형코 만들기, 짧은뜨기 6 [6코]
2단 (늘리기) × 6 [12코]
3단 (짧은뜨기 1, 늘리기) × 6 [18코]
4단 (짧은뜨기 2, 늘리기) × 6 [24코]
5단 (짧은뜨기 3, 늘리기) × 6 [30코]
6-11단 짧은뜨기 30 [30코]
오프화이트색 실로 바꿉니다.
12단 짧은뜨기 12, 늘리기 6, 짧은뜨기 12 [36코]
13단 짧은뜨기 36 [36코]
흑회색 실로 바꿉니다.
14단 짧은뜨기 13, (늘리기, 짧은뜨기 1) × 6, 짧은뜨기 11 [42코]
계속해서 오프화이트색 5단, 흑회색 1단의 스트라이프 패턴을 뜹니다.
15단 짧은뜨기 42 [42코]
16단 짧은뜨기 14, (늘리기, 짧은뜨기 2) × 6, 짧은뜨기 10 [48코]
17단 짧은뜨기 48 [48코]
18단 짧은뜨기 15, (늘리기, 짧은뜨기 3) × 6, 짧은뜨기 9 [54코]
19-29단 짧은뜨기 54 [54코]
22-23단 사이에, 26코 간격을 두고 나사형 인형눈을 끼웁니다. 파스텔핑크색 실로 눈 뒤에서 볼을 수놓습니다.
30단 (짧은뜨기 7, 줄이기) × 6 [48코]
31단 짧은뜨기 48 [48코]
32단 (짧은뜨기 6, 줄이기) × 6 [42코]
33단 (짧은뜨기 5, 줄이기) × 6 [36코]
34단 (짧은뜨기 4, 줄이기) × 6 [30코]
35단 (짧은뜨기 3, 줄이기) × 6 [24코]
머리에 솜을 충분히 채웁니다.
36단 (짧은뜨기 2, 줄이기) × 6 [18코]
37단 (짧은뜨기 1, 줄이기) × 6 [12코]
38단 (줄이기) × 6 [6코]
실을 길게 남기고 자른 뒤 마무리를 합니다. 남긴 실을 돗바늘에 꿰어 남은 각 코의 앞고리에 통과시킨 뒤 세게 잡아 당겨서 구멍을 막습니다. 실 끝을 보이지 않게 정리합니다.

갈기

(흑회색)
사슬뜨기 23. 기초사슬코의 양쪽에서 뜨고 타원형뜨기를 합니다.
1단 코바늘로부터 두 번째 사슬에서 시작하여 늘리기, 짧은뜨기 20, 마지막 사슬에서 짧은뜨기 4. 이어서 기초사슬코의 맞은편 고리에서 짧은뜨기 20, 늘리기 [48코]
2단 (늘리기) × 2, 짧은뜨기 20, (늘리기) × 4, 짧은뜨기 20, (늘리기) × 2 [56코]
3-6단 짧은뜨기 56 [56코]
바느질하기 위해 실을 길게 남기고 자른 뒤 마무리를 합니다. 갈기를 뒷머리에 바느질하여 붙이면서 솜을 채웁니다.

몸통

(오프화이트색으로 시작)
실 끝을 길게 남기고 사슬뜨기 27. 사슬코가 꼬이지 않도록 주의하면서 코바늘을 첫 사슬코에 넣고 빼뜨기를 하여 기초사슬코를 연결합니다. 계속해서 나선형뜨기를 합니다.
1-2단 짧은뜨기 27 [27코]
흑회색 실로 바꿉니다.
3단 (짧은뜨기 8, 늘리기) × 3 [30코]
계속해서 오프화이트색 5단, 흑회색 1단의 스트라이프 패턴을 뜹니다.
4-6단 짧은뜨기 30 [30코]
7단 (짧은뜨기 4, 늘리기) × 6 [36코]
8-11단 짧은뜨기 36 [36코]
12단 (짧은뜨기 8, 늘리기) × 4 [40코]
13-22단 짧은뜨기 40 [40코]

다리

다리를 만들기 위해 코를 나눕니다. 다리 하나에 16코씩, 두 다리 사이 공간을 위해 앞쪽에 4코, 뒤쪽에 4코로 나눕니다(이때 스티치마커를 사용하면 편리합니다). 뒤쪽에 있는 다리의 마지막 코를 앞쪽에 짧은뜨기로 연결합니다(이 짧은뜨기는 다리의 첫 번째 코가 됩니다). 이제 첫 번째 다리의 코들이 원형으로 연결되었습니다. 계속해서 첫 번째 다리를 뜹니다.
23-26단 짧은뜨기 16 [16코]
계속해서 흑회색 1단과 오프화이트색 5단의 스트라이프 패턴을 뜹니다.
27-44단 짧은뜨기 16 [16코]
흑회색 실로 바꿉니다.
45-49단 짧은뜨기 16 [16코]
몸통과 다리에 솜을 충분히 채웁니다.
50단 (짧은뜨기 2, 줄이기) × 4 [12코]
51단 (줄이기) × 6 [6코]
실을 길게 남기고 자른 뒤 마무리를 합니다. 남긴 실을 돗바늘에 꿰어 남은 각 코의 앞고리에 통과시킨 뒤, 세게 잡아당겨서 구멍을 막습니다. 실 끝을 보이지 않게 정리합니다.

두 번째 다리

22단의 뒤쪽에서 뜨지 않은 다섯 번째 코에 오프화이트색 실을 다시 연결합니다. 시작하는 실을 길게 남깁니다. 여기에서 두 번째 다리의 첫 번째 코를 시작합니다.
23단 짧은뜨기 16. 16번째 코에 이르면, 첫 번째 코에서 짧은뜨기를 하여 원형으로 연결합니다. [16코]
24-51단 첫 번째 다리와 같은 방식으로 뜹니다.
필요하면 솜을 더 채웁니다. 돗바늘을 이용하여 두 다리 사이의 4코를 바느질하여 막습니다. 머리를 몸통에 바느질하여 붙입니다.

팔

(2개, 연한 웜그레이색으로 시작, 원형뜨기)

1단 실고리로 원형코 만들기, 짧은뜨기 6 [6코]
2단 (늘리기) × 6 [12코]
3-7단 짧은뜨기 12 [12코]
오프화이트색 실로 바꿉니다.
8단 짧은뜨기 12 [12코]
흑회색 실로 바꿉니다.
9단 짧은뜨기 12 [12코]
계속해서 오프화이트색 5단, 흑회색 1단의 스트라이프 패턴을 뜹니다.
10-26단 짧은뜨기 12 [12코]
27단 (짧은뜨기 1, 줄이기) × 4 [8코]
바느질하기 위해 실을 길게 남기고 자른 뒤 마무리를 합니다. 솜을 채우고, 두 팔을 몸통의 양옆 3-4단 사이에 바느질하여 붙입니다.

귀

(2개, 흑회색으로 시작, 원형뜨기)

1단 실고리로 원형코 만들기, 짧은뜨기 6 [6코]
2단 짧은뜨기 6 [6코]
3단 (늘리기) × 6 [12코]
4단 짧은뜨기 12 [12코]
5단 (짧은뜨기 1, 늘리기) × 6 [18코]
오프화이트색 실로 바꿉니다.
6-13단 짧은뜨기 18 [18코]
바느질하기 위해 실을 길게 남기고 자른 뒤 마무리를 합니다. 귀에는 솜을 채우지 않아요. 편물을 편평하게 펴고 끝단을 반으로 접어 정수리, 27-30단 사이의 갈기 옆에 바느질하여 붙입니다.

상의

(핑거링 실, C-2/2.75㎜ 코바늘 사용, 갈색으로 시작)

사슬뜨기 37. 평면뜨기 합니다.

1단 코바늘로부터 두 번째 사슬에서 시작하여 짧은뜨기 36, 사슬뜨기 2, 방향 바꾸기. [36코]
2단 (긴뜨기 5, 긴뜨기 늘리기) × 6, 사슬뜨기 2, 방향 바꾸기. [42코]
3단 긴뜨기 7, 사슬뜨기 6, 6코 건너뛰기, 긴뜨기 16, 사슬뜨기 6, 6코 건너뛰기, 긴뜨기 7, 사슬뜨기 2, 방향 바꾸기. [42코]
4-6단 긴뜨기 42, 사슬뜨기 2, 방향 바꾸기. [42코]
7단 (긴뜨기 6, 긴뜨기 늘리기) × 6 [48코]
7단의 마지막 코와 이 단의 첫 번째 코를 긴뜨기로 연결합니다(이 긴뜨기가 원형뜨기를 하는 이 단의 첫 번째 코입니다). 이제 상의의 코들이 원형으로 연결되었습니다. 계속해서 원형뜨기를 합니다.
8-10단 긴뜨기 48 [48코]
파스텔핑크색 실로 바꿉니다.
11단 짧은뜨기 48 [48코]
실을 자르고 마무리를 한 뒤, 실 끝을 보이지 않게 정리합니다. 겉면을 앞에 놓고, 코바늘을 네크라인의 왼쪽에 넣어 갈색 고리 하나를 잡아 뺍니다. 상의의 네크라인과 열린 틈을 따라, 즉 목 부분, 상의 한쪽의 단 옆면을 따라 내려갔다가 다른 쪽의 단 옆면을 따라 올라가며 짧은뜨기를 합니다. 실을 자르고 실 끝이 보이지 않게 정리합니다.

바지

(핑거링 실, C-2/2.75㎜ 코바늘 사용, 파스텔핑크)

사슬뜨기 46. 사슬코가 꼬이지 않도록 주의하면서 코바늘을 첫 번째 사슬코에 넣고 빼뜨기를 하여 기초사슬코를 연결합니다. 계속해서 나선형뜨기를 합니다.

1-2단 짧은뜨기 46 [46코]
3단 (긴뜨기 22, 긴뜨기 늘리기) × 2 [48코]

4-5단 긴뜨기 48 [48코]
6단 (긴뜨기 3, 긴뜨기 늘리기) × 12 [60코]
7-9단 긴뜨기 60 [60코]

바지 다리

바지 다리를 만들기 위해 코를 나눕니다. 다리 하나에 25코씩, 두 다리 사이 가운데 공간을 위해 5코, 뒤쪽에 5코로 나눕니다(이때 스티치마커를 사용하면 편리합니다). 뒤쪽에 있는 바지 다리의 마지막 코를 앞쪽에 긴뜨기로 연결합니다(이 긴뜨기는 바지 다리의 첫 번째 코가 됩니다). 이제 첫 번째 바지 다리의 코들이 원형으로 연결되었습니다. 계속해서 첫 번째 바지 다리를 뜹니다.

10단 긴뜨기 25 [25코]
11단 (긴뜨기 4, 긴뜨기 늘리기) × 5 [30코]
12-13단 긴뜨기 30 [30코]
14단 (긴뜨기 5, 긴뜨기 늘리기) × 5 [35코]
15-16단 긴뜨기 35 [35코]
17단 (긴뜨기 6, 긴뜨기 늘리기) × 5 [40코]
18-19단 긴뜨기 40 [40코]

편물이 한쪽으로 휘면, 마지막 단을 뜨기 전에 긴뜨기 몇 코를 더 떠야 할 수도 있습니다. 마지막 단을 빼뜨기로 하면 깔끔하게 완성됩니다.

20단 빼뜨기 40 [40코]

실을 자르고 마무리를 한 뒤 실 끝을 보이지 않게 정리합니다.

두 번째 바지 다리

9단의 뒤쪽에서 뜨지 않은 여섯 번째 코에 파스텔핑크 실을 다시 연결합니다. 여기에서 두 번째 바지 다리의 첫 번째 코를 시작합니다.

10-20단 첫 번째 바지 다리와 같은 방식으로 뜹니다.

실을 자르고 마무리를 한 뒤 실 끝을 보이지 않게 정리합니다. 돗바늘을 이용하여 바지 다리 사이의 5코를 꿰매어 막습니다.

허리

(머스터드)

바지 1단의 첫 번째 코에 머스터드색 실을 연결합니다.

1-3단 짧은뜨기 46 [46코]

실을 자르고 마무리를 한 뒤 실 끝을 보이지 않게 정리합니다.

코끼리 루이자

코끼리로 살아가기란 정말 쉽지 않습니다. 방에 몰래 들어가는 것은 거의 불가능하고 물건을 밟아 뭉개지 않으려고 아주 조심해야 하죠. 애칭이 루루인 루이자는 문을 통과할 수 있는 집과 그 거대한 몸집에 맞게 넓은 레스토랑과 카페 몇 곳만 갈 수 있다는 사실을 알았어요. 대중교통 수단은 말하지 말자고요. 루이자는 넓은 마음과 밝은 성격을 갖고 있지만 많은 곳을 방문할 수 없다는 사실 때문에 많이 슬픕니다. 그래서 루이자는 지금 도시건축가로 일하고 있어요. 또 전 세계 도시에 사는 거대 동물들의 생활을 바꾸고 개선시키려고 매일 열심히 일하는 동물 그룹의 일원으로도 활동하고 있습니다.

 QR코드를 스캔하면 다양한 피카파우 친구들을 만날 수 있습니다.

주의 머리와 몸통을 하나로 뜹니다.
주의 코끼리 코를 뜰 때 실 뭉치의 반대쪽 끝을 사용하면, 실을 자르거나 추가로 구입하지 않아도 됩니다.

난이도 ★

키
31cm(제시된 실로 떴을 때)

재료
- 우스티드 실: 연한 아쿠아블루, 오프화이트, 선홍색, 빨간색 약간, 프렌치블루, 오커옐로, 네이비블루, 파스텔핑크 약간
- 코바늘 C-2/2.75mm
- 검은색 나사형 인형눈(8mm)
- 솜

필요한 기술 실고리로 원형코 만들기(32쪽), 기초사슬코로 타원형뜨기(34쪽), 원형단을 시작하면서 색깔 바꾸기(35쪽), 몸통을 두 부분으로 나누기(47쪽), 바스켓 스파이크 뜨기(29쪽), 연결하기(39쪽), 퐁퐁 만들기

머리와 몸통

(연한 아쿠아블루)
사슬뜨기 9. 기초사슬코의 양쪽에서 뜨고 타원형뜨기를 합니다.
1단 코바늘로부터 두 번째 사슬에서 시작하여 늘리기, 짧은뜨기 6, 마지막 사슬에서 짧은뜨기 4. 이어서 기초사슬코의 맞은편 고리에 짧은뜨기 6, 늘리기 [20코]
2단 늘리기, 짧은뜨기 8, (늘리기) × 2, 짧은뜨기 8, 늘리기 [24코]
3단 짧은뜨기 1, 늘리기, 짧은뜨기 9, 늘리기, 짧은뜨기 1, 늘리기, 짧은뜨기 9, 늘리기 [28코]
4단 짧은뜨기 2, 늘리기, 짧은뜨기 10, 늘리기, 짧은뜨기 2, 늘리기, 짧은뜨기 10, 늘리기 [32코]
5단 짧은뜨기 3, 늘리기, 짧은뜨기 11, 늘리기, 짧은뜨기 3, 늘리기, 짧은뜨기 11, 늘리기 [36코]
6단 (짧은뜨기 5, 늘리기) × 6 [42코]
7단 (짧은뜨기 6, 늘리기) × 6 [48코]
8단 (짧은뜨기 7, 늘리기) × 6 [54코]
9단 (짧은뜨기 8, 늘리기) × 6 [60코]
주의 편물이 많이 휘기 시작하지만, 걱정하지 마세요. 몇 단 더 뜨면 편평해질 거예요.
10-14단 짧은뜨기 60 [60코]
15단 짧은뜨기 8, 사슬뜨기 12, 12코 건너뛰기, 짧은뜨기 40 [60코]
16-21단 짧은뜨기 60 [60코]
22단 (짧은뜨기 3, 줄이기) × 12 [48코]
23단 (짧은뜨기 2, 줄이기) × 12 [36코]
24단 (짧은뜨기 4, 줄이기) × 6 [30코]
25단 짧은뜨기 30 [30코]
15-16단 사이에, 나중에 코를 뜰 틈에서 3코 간격을 두고 나사형 인형눈을 끼웁니다. 파스텔핑크색 실로 볼을 수놓습니다. 계속해서 코끼리의 코를 뜹니다. 15-16단 사이의 24코로 만들어진 틈의 양쪽에서 원형뜨기를 합니다.

코끼리 코

16단의 뜨지 않은 첫 번째 코에 연한 아쿠아블루색 실을 다시 연결합니다. 여기에서 코의 첫 번째 코를 시작합니다(95쪽 사진 참조).

1-3단 짧은뜨기 24 [24코]
4단 짧은뜨기 11, 줄이기, 짧은뜨기 9, 줄이기 [22코]
5-7단 짧은뜨기 22 [22코]
8단 짧은뜨기 10, 줄이기, 짧은뜨기 8, 줄이기 [20코]
9-11단 짧은뜨기 20 [20코]
12단 짧은뜨기 11, 줄이기, 짧은뜨기 5, 줄이기 [18코]
13-15단 짧은뜨기 18 [18코]
16단 줄이기, 짧은뜨기 9, 줄이기, 짧은뜨기 5 [16코]
17-19단 짧은뜨기 16 [16코]
20단 줄이기, 짧은뜨기 8, 줄이기, 짧은뜨기 4 [14코]
21-23단 짧은뜨기 14 [14코]
24단 줄이기, 짧은뜨기 7, 줄이기, 짧은뜨기 3 [12코]
25-26단 짧은뜨기 12 [12코]
27단 (짧은뜨기 1, 줄이기) × 4 [8코]

바느질하기 위해 실을 길게 남기고 자른 뒤 마무리를 합니다. 솜을 머리에는 충분히, 코에는 약간 채웁니다. 코끝을 바느질하여 막고, 계속해서 몸통을 뜹니다.

몸통

몸통의 25단 사이에서 계속 뜹니다.

26단 (짧은뜨기 4, 늘리기) × 4, 짧은뜨기 3. 오프화이트색 실로 바꿉니다. 짧은뜨기 1, 늘리기, 짧은뜨기 4, 늘리기 [36코]

계속해서 오프화이트색 2단, 선홍색 1단, 오프화이트색 2단, 프렌치블루색 1단의 스트라이프 패턴을 반복하여 뜹니다. 마지막 단을 오프화이트색 1단으로 끝냅니다.

27단 (짧은뜨기 5, 늘리기) × 6 [42코]
28-32단 짧은뜨기 42 [42코]
33단 (짧은뜨기 6, 늘리기) × 6 [48코]
34-39단 짧은뜨기 48 [48코]
40단 (짧은뜨기 7, 늘리기) × 6 [54코]
41단 짧은뜨기 54 [54코]

연한 아쿠아블루색 실로 바꿉니다.
42단 뒷고리에만 짧은뜨기 54 [54코]
43-45단 짧은뜨기 54 [54코]
46단 (짧은뜨기 8, 늘리기) × 6 [60코]
47-51단 짧은뜨기 60 [60코]
52단 (짧은뜨기 8, 줄이기) × 6 [54코]
53-54단 짧은뜨기 54 [54코]
55단 (짧은뜨기 7, 줄이기) × 6 [48코]
56단 짧은뜨기 48 [48코]

다리

다리를 만들기 위해 코를 나눕니다. 다리 하나에 20코씩, 두 다리 사이 공간을 위해 앞쪽에 4코, 뒤쪽에 4코로 나눕니다(이때 스티치마커를 사용하면 편리합니다). 두 다리와 머리가 나란하지 않으면 몸통에서 짧은뜨기를 더 뜨거나 코를 풀어 나란하게 맞춥니다. 뒤쪽에 있는 다리의 마지막 코를 앞쪽에 짧은뜨기로 연결합니다(이 짧은뜨기는 다리의 첫 번째 코가 됩니다). 이제 첫 번째 다리의 코들이 원형으로 연결되었습니다. 계속해서 첫 번째 다리를 뜹니다.

57-68단 짧은뜨기 20 [20코]

몸통과 다리에 솜을 충분히 채웁니다.

69단 (짧은뜨기 2, 줄이기) × 5 [15코]
70단 (짧은뜨기 1, 줄이기) × 5 [10코]
71단 (줄이기) × 5 [5코]

실을 길게 남기고 자른 뒤 마무리를 합니다. 남긴 실을 돗바늘에 꿰어 남은 각 코의 앞고리에 통과시킨 뒤, 세게 잡아당겨서 구멍을 막습니다. 실 끝을 보이지 않게 정리합니다.

두 번째 다리

56단의 뒤쪽에서 뜨지 않은 다섯 번째 코에 연한 아쿠아블루색 실을 다시 연결합니다. 시작하는 실을 길게 남깁니다. 여기에서 두 번째 다리의 첫 번째 코를 시작합니다.

57단 짧은뜨기 20. 20번째 코에 이르면, 첫 번째 코에서 짧은뜨기를 하여 원형으로 연결합니다. [20코]
58-71단 첫 번째 다리와 같은 방식으로 뜹니다.

필요하면 솜을 더 채웁니다. 돗바늘을 이용하여 두 다리 사이의 4코를 바느질하여 막습니다.

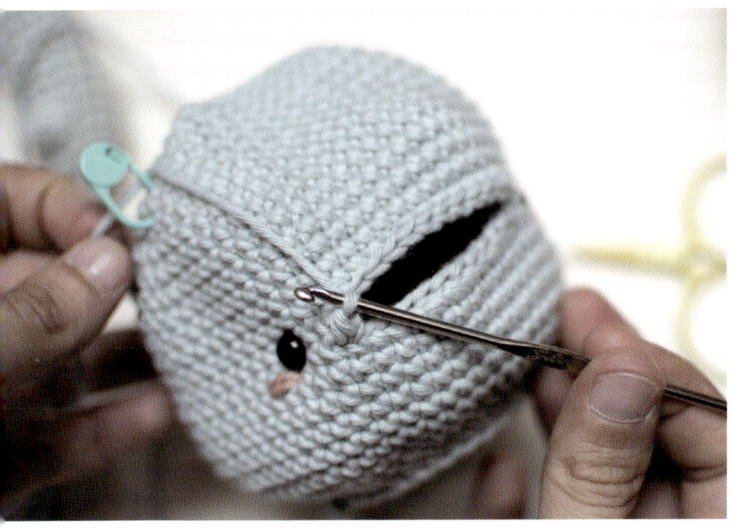

팔

(2개, 연한 아쿠아블루로 시작, 원형뜨기)

1단 실고리로 원형코 만들기, 짧은뜨기 5 [5코]
2단 (늘리기) × 5 [10코]
3단 (짧은뜨기 1, 늘리기) × 5 [15코]
4-5단 짧은뜨기 15 [15코]
6단 짧은뜨기 1, 한길긴뜨기 5코 구슬뜨기, 짧은뜨기 13 [15코]
7-18단 짧은뜨기 15 [15코]
프렌치블루색 실로 바꾸고 계속해서 몸통과 같은 스트라이프 패턴을 뜹니다.
19-22단 짧은뜨기 15 [15코]
23단 (짧은뜨기 1, 줄이기) × 5 [10코]
바느질하기 위해 실을 길게 남기고 자른 뒤 마무리를 합니다. 팔에 솜을 채웁니다.
두 팔을 몸통의 양옆 26-27단 사이에 바느질하여 붙입니다.

귀

(2개, 연한 아쿠아블루색, 원형뜨기)

1단 실고리로 원형코 만들기, 짧은뜨기 6 [6코]
2단 (늘리기) × 6 [12코]
3단 짧은뜨기 12 [12코]
4단 (짧은뜨기 1, 늘리기) × 6 [18코]
5-6단 짧은뜨기 18 [18코]
7단 (짧은뜨기 2, 늘리기) × 6 [24코]
8-9단 짧은뜨기 24 [24코]
10단 (짧은뜨기 3, 늘리기) × 6 [30코]
11-12단 짧은뜨기 30 [30코]
13단 (짧은뜨기 4, 늘리기) × 6 [36코]
14-15단 짧은뜨기 36 [36코]
16단 (짧은뜨기 5, 늘리기) × 6 [42코]
17단 짧은뜨기 42 [42코]
귀에는 솜을 채우지 않아요.
이제 귀의 코를 나누어 귓바퀴 3개(각 14코)를 만듭니다.

첫 번째 귓바퀴

짧은뜨기 7, 28코 건너뛰기, 마지막 코를 이전 단의 36번째 코에 짧은뜨기로 연결합니다.

1-2단 짧은뜨기 14 [14코]

3단 (짧은뜨기 5, 줄이기) × 2 [12코]

4단 (줄이기) × 6 [6코]

실을 길게 남기고 자른 뒤 마무리를 합니다. 남긴 실을 돗바늘에 꿰어 남은 각 코의 앞고리에 통과시킨 뒤 세게 잡아당겨서 구멍을 막습니다. 실 끝을 보이지 않게 정리합니다.

두 번째 귓바퀴

첫 번째 귓바퀴 왼쪽의 코에 연한 아쿠아블루색 실을 다시 연결하여 짧은뜨기 7. 마지막 코를 첫 번째 귓바퀴의 오른쪽으로 일곱 번째 코에 연결합니다.

1-4단 첫 번째 귓바퀴와 같은 방식으로 뜹니다.

실을 길게 남기고 자른 뒤 마무리를 합니다. 남긴 실을 돗바늘에 꿰어 남은 각 코의 앞고리에 통과시킨 뒤 세게 잡아당겨서 구멍을 막습니다. 실 끝을 보이지 않게 정리합니다.

세 번째 귓바퀴

두 번째 귓바퀴 왼쪽의 코에 연한 아쿠아블루색 실을 다시 연결합니다.

1-4단 첫 번째 귓바퀴와 같은 방식으로 뜹니다.

실을 길게 남기고 자른 뒤 마무리를 합니다. 남긴 실을 돗바늘에 꿰어 남은 각 코의 앞고리에 통과시킨 뒤 세게 잡아당겨서 구멍을 막습니다. 실 끝을 보이지 않게 정리합니다.

귀의 긴 쪽을 머리 양옆 5-20단 사이에 바느질하여 붙입니다.

바지

(오커옐로)

사슬뜨기 56. 사슬코가 꼬이지 않도록 주의하면서 코바늘을 첫 번째 사슬코에 넣고 빼뜨기를 하여 기초사슬코를 연결합니다. 계속해서 나선형 뜨기를 합니다.

1단 짧은뜨기 56 [56코]
2단 (뒷고리에만 짧은뜨기 1, 이전 단의 다음 코에서 스파이크 뜨기) 끝까지 반복 [56코]
3단 (이전 단의 다음 코에서 스파이크 뜨기, 뒷고리에만 짧은뜨기 1) 끝까지 반복 [56코]
4-13단 2-3단 반복

바지 다리

바지 다리를 만들기 위해 코를 나눕니다. 다리 하나에 24코씩, 두 다리 사이 가운데 앞 공간을 위해 4코, 뒤쪽에 4코로 나눕니다(이때 스티치마커를 사용하면 편리합니다). 뒤쪽에 있는 바지 다리의 마지막 코를 앞쪽에 짧은뜨기로 연결합니다(이 짧은뜨기는 바지 다리의 첫 번째 코가 됩니다). 이제 바지 첫 번째 다리의 코들이 원형으로 연결되었습니다. 계속해서 첫 번째 바지 다리를 뜹니다.

14단 (이전 단의 다음 코에서 스파이크 뜨기, 뒷고리에만 짧은뜨기 1) 끝까지 반복 [24코]
15단 (뒷고리에만 짧은뜨기 1, 이전 단의 다음 코에서 스파이크 뜨기) 끝까지 반복 [24코]
16-19단 14-15단 반복
20단 빼뜨기 24 [24코]
실을 자르고 마무리를 한 뒤 실 끝을 보이지 않게 정리합니다.

두 번째 바지 다리

13단의 뒤쪽에서 뜨지 않은 다섯 번째 코에 오커옐로색 실을 다시 연결합니다. 시작하는 실을 길게 남깁니다. 여기에서 두 번째 바지 다리의 첫 번째 코를 시작합니다.

14-20단 첫 번째 바지 다리와 같은 방식으로 뜹니다.
실을 자르고 마무리를 한 뒤 실 끝을 보이지 않게 정리합니다. 돗바늘을 이용하여 바지 다리 사이의 4코를 꿰매어 막습니다.

허리

(오커옐로)

바지 1단의 첫 번째 코에 오커옐로색 실을 연결합니다.
1-3단 짧은뜨기 56 [56코]
4단 빼뜨기 56 [56코]
실을 자르고 마무리를 한 뒤 실 끝을 보이지 않게 정리합니다.

모자

(네이비블루, 원형뜨기)

1단 실고리로 원형코 만들기, 짧은뜨기 8 [8코]
2단 (늘리기) × 8 [16코]
3단 (짧은뜨기 1, 늘리기) × 8 [24코]
4단 (짧은뜨기 2, 늘리기) × 8 [32코]
5단 뒷고리에만 짧은뜨기 32 [32코]
6-8단 짧은뜨기 32 [32코]
첫코에 빼뜨기. 실을 자르고 마무리를 한 뒤 실 끝을 보이지 않게 정리합니다.
5단의 첫 코 앞고리에 네이비블루색 실을 연결합니다.
앞고리에만 빼뜨기 32.
실을 자르고 마무리를 한 뒤 실 끝을 보이지 않게 정리합니다.
빨간색 실로 지름 3.5cm의 폼폼 1개를 만들어서 모자 꼭대기에 바느질하여 붙입니다. 모자를 머리 위에 놓고 바느질하여 붙입니다.

바다표범 앤더슨

앤더슨은 아르헨티나 파타고니아의 발데스 반도 근처에서 태어났지만, 지금은 우수아이아 근처의 레 에클뢰르 등대에서 지내기를 더 좋아합니다. 가끔은 좀 더 따뜻한 날씨를 원하지만, 수군대며 이것저것 많이 묻는 시끄러운 친척들은 절대 그립지 않아요. 그러나 오해는 마세요. 수다스러운 가족을 사랑하지만, 일 년에 한 번만 보는 편이 더 좋다는 뜻이에요. 앤더슨은 35㎜ 필름을 모으고 치즈를 만들며 지냅니다. 그는 대회에서 상을 받은 유명한 치즈 장인이기 때문에 점점 많은 사람들이 그의 거처에 들러 생활을 방해하기 시작했어요. 그래서 그 문제를 해결하기 위해 치즈 생산지를 본토로 이전했답니다. 덕분에 지금 앤더슨은 자신의 조용한 천국을 계속 즐길 수 있어요.

 QR코드를 스캔하면 다양한 피카파우 친구들을 만날 수 있습니다.

주의 머리와 몸통을 하나로 뜹니다.

난이도 ★

키
24㎝(제시된 실로 떴을 때)

재료
- 우스티드 실: 연한 아쿠아블루, 파스텔핑크, 오프화이트, 러스티레드, 테라코타, 회녹색 약간, 검은색 약간
- 코바늘 C-2/2.75㎜
- 검은색 나사형 인형눈(10㎜)
- 솜

필요한 기술 실고리로 원형코 만들기(32쪽), 기초사슬코로 타원형뜨기(34쪽), 도안에 따라 자카드 무늬 뜨기(36쪽), 짧은 앞뒤걸어뜨기(30쪽), 연결하기(39쪽), 폼폼 만들기

주둥이

(연한 아쿠아블루, 원형뜨기)
1단 실고리로 원형코 만들기, 짧은뜨기 6 [6코]
2단 (늘리기) × 6 [12코]
3단 (짧은뜨기 1, 늘리기) × 6 [18코]
4-5단 짧은뜨기 18 [18코]

바느질하기 위해 실을 길게 남기고 자른 뒤 마무리를 합니다. 검은색 실로 코와 입을 수놓고, 솜을 채웁니다. 회녹색 실로 코 위에 짧은 선을 수놓습니다.

볼

(2개, 파스텔핑크, 원형뜨기)
1단 실고리로 원형코 만들기, 짧은뜨기 8 [8코]

첫코에 빼뜨기. 바느질하기 위해 실을 길게 남기고 자른 뒤 마무리를 합니다.

머리와 몸통

(연한 아쿠아블루색으로 시작, 원형뜨기)
1단 실고리로 원형코 만들기, 짧은뜨기 6 [6코]
2단 (늘리기) × 6 [12코]
3단 (짧은뜨기 1, 늘리기) × 6 [18코]
4단 (짧은뜨기 2, 늘리기) × 6 [24코]
5단 (짧은뜨기 3, 늘리기) × 6 [30코]
6단 (짧은뜨기 4, 늘리기) × 6 [36코]
7단 (짧은뜨기 5, 늘리기) × 6 [42코]
8단 (짧은뜨기 6, 늘리기) × 6 [48코]
9단 (짧은뜨기 7, 늘리기) × 6 [54코]
10-20단 짧은뜨기 54 [54코]

주둥이를 13-19단 사이에 바느질하여 붙입니다. 주둥이는 단을 시작하는 곳의 반대편에 놓아야 합니다. 15-16단 사이에, 주둥이에서 3코 간격을 두고 나사형 인형눈을 끼웁니다. 볼을 15-18단 사이에 바느질하여 붙입니다. 계속해서 테라코타색과 오프화이트색 실을 번갈아가며 사용하여 자카드 무늬 뜨기를 합니다(103쪽 그림도안 참조).

21-33단 짧은뜨기 54 [54코]
연한 아쿠아블루색 실로 바꿉니다.
34단 뒷고리에만 짧은뜨기 54 [54코]
35단 짧은뜨기 54 [54코]
36단 바다표범 몸통의 등에서 중앙을 찾습니다. 아직 중앙까지 뜨지 않았으면, 중앙에 이를 때까지 계속 뜹니다. 그 후 사슬뜨기 13. 다음에 만들 코에 스티치마커를 끼웁니다. 이곳이 다음 단의 시작점입니다.
사슬코로 돌아가서 코바늘로부터 두 번째 사슬에서 시작하여 짧은뜨기 12, 기초사슬코가 시작된 코에 짧은뜨기 1, 이어서 몸통에 짧은뜨기 54, 이어서 사슬코의 맞은편 고리에 짧은뜨기 11, 마지막 코에서 늘리기 [80코]
37단 (늘리기) × 2, 짧은뜨기 76, (늘리기) × 2 [84코]
38단 (늘리기) × 3, 짧은뜨기 78, (늘리기) × 3 [90코]
39-40단 짧은뜨기 90 [90코]
41단 짧은뜨기 4, 줄이기, 짧은뜨기 1, 줄이기, 짧은뜨기 72, 줄이기, 짧은뜨기 1, 줄이기, 짧은뜨기 4 [86]
42단 짧은뜨기 4, 줄이기, 짧은뜨기 1, 줄이기, 짧은뜨기 68, 줄이기, 짧은뜨기 1, 줄이기, 짧은뜨기 4 [82코]
43단 짧은뜨기 33, 줄이기, 짧은뜨기 12, 줄이기, 짧은뜨기 33 [80코]
44단 짧은뜨기 4, 줄이기, 짧은뜨기 1, 줄이기, 짧은뜨기 24, 줄이기, 짧은뜨기 10, 줄이기, 짧은뜨기 24, 줄이기, 짧은뜨기 1, 줄이기, 짧은뜨기 4 [74코]
45단 짧은뜨기 4, 줄이기, 짧은뜨기 1, 줄이기, 짧은뜨기 22, 줄이기, 짧은뜨기 8, 줄이기, 짧은뜨기 22, 줄이기, 짧은뜨기 1, 줄이기, 짧은뜨기 4 [68코]
46단 짧은뜨기 4, 줄이기, 짧은뜨기 1, 줄이기, 짧은뜨기 20, 줄이기, 짧은뜨기 6, 줄이기, 짧은뜨기 20, 줄이기, 짧은뜨기 1, 줄이기, 짧은뜨기 4 [62코]
47단 짧은뜨기 4, 줄이기, 짧은뜨기 50, 줄이기, 짧은뜨기 4 [60코]

머리와 몸통의 첫 부분에 솜을 채우고, 뜨면서 계속 채웁니다.
48단 (짧은뜨기 8, 줄이기) × 6 [54코]
49단 (짧은뜨기 7, 줄이기) × 6 [48코]
50단 (짧은뜨기 6, 줄이기) × 6 [42코]
51단 (짧은뜨기 5, 줄이기) × 6 [36코]
52단 (짧은뜨기 4, 줄이기) × 6 [30코]
53단 (짧은뜨기 3, 줄이기) × 6 [24코]
54단 (짧은뜨기 2, 줄이기) × 6 [18코]
55단 (짧은뜨기 1, 줄이기) × 6 [12코]
56단 (줄이기) × 6 [6코]
실을 길게 남기고 자른 뒤 마무리를 합니다. 남긴 실을 돗바늘에 꿰어 남은 각 코의 앞고리에 통과시킨 뒤 세게 잡아당겨서 구멍을 막습니다. 실 끝을 보이지 않게 정리합니다.

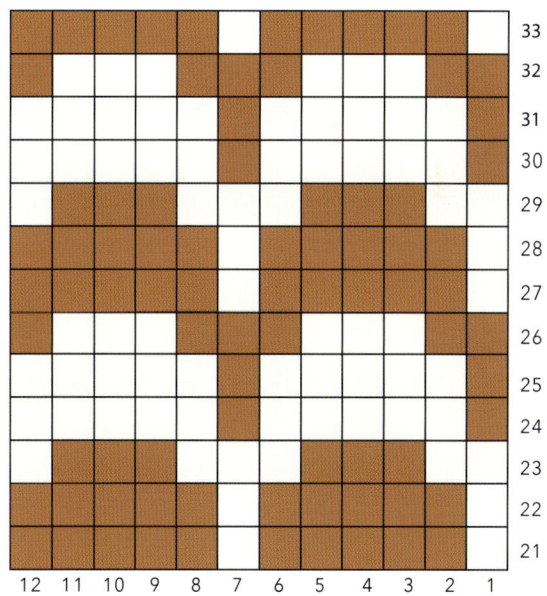

103

물갈퀴

(2개, 연한 아쿠아블루, 원형뜨기)

- **1단** 실고리로 원형코 만들기, 짧은뜨기 8 [8코]
- **2단** (늘리기) × 8 [16코]
- **3단** (짧은뜨기 1, 늘리기) × 8 [24코]
- **4단** (짧은뜨기 2, 늘리기) × 8 [32코]
- **5단** (짧은뜨기 3, 늘리기) × 8 [40코]
- **6단** (짧은뜨기 4, 늘리기) × 8 [48코]
- **7단** (짧은뜨기 5, 늘리기) × 8 [56코]
- **8단** (짧은뜨기 6, 늘리기) × 8 [64코]
- **9단** (짧은뜨기 7, 늘리기) × 8 [72코]
- **10단** 짧은뜨기 72 [72코]

바느질하기 위해 실을 길게 남기고 자른 뒤 마무리를 합니다. 물갈퀴에는 솜을 채우지 않아요. 편물을 편평하게 펴고, 돗바늘을 이용하여 마지막 단의 구멍을 막습니다. 34-43단 사이의 양쪽에 물갈퀴를 바느질하여 붙입니다.

꼬리

(2조각, 연한 아쿠아블루, 원형뜨기)

- **1단** 실고리로 원형코 만들기, 짧은뜨기 5 [5코]
- **2단** (늘리기) × 5 [10코]
- **3단** 짧은뜨기 10 [10코]
- **4단** (짧은뜨기 1, 늘리기) × 5 [15코]
- **5-6단** 짧은뜨기 15 [15코]
- **7단** (짧은뜨기 2, 늘리기) × 5 [20코]
- **8-9단** 짧은뜨기 20 [20코]
- **10단** (짧은뜨기 3, 늘리기) × 5 [25코]
- **11-13단** 짧은뜨기 25 [25코]

바느질하기 위해 실을 길게 남기고 자른 뒤 마무리를 합니다. 꼬리에는 솜을 채우지 않아요. 편물을 편평하게 펴고, 돗바늘을 이용하여 마지막 단의 구멍을 막습니다. 꼬리 두 조각을 몸통에 바느질하여 붙입니다.

모자

(러스티레드, 원형뜨기)

- **1단** 실고리로 원형코 만들기, 짧은뜨기 6 [6코]
- **2단** (늘리기) × 6 [12코]
- **3단** (짧은뜨기 1, 늘리기) × 6 [18코]
- **4단** (짧은뜨기 2, 늘리기) × 6 [24코]
- **5단** (짧은뜨기 3, 늘리기) × 6 [30코]
- **6단** (짧은뜨기 4, 늘리기) × 6 [36코]
- **7단** (짧은뜨기 5, 늘리기) × 6 [42코]
- **8단** (짧은뜨기 6, 늘리기) × 6 [48코]
- **9단** (짧은뜨기 7, 늘리기) × 6 [54코]
- **10-13단** 짧은뜨기 54 [54코]
- **14-16단** (짧은 앞걸어뜨기 1, 짧은 뒤걸어뜨기 1) × 27 [54코]

실을 자르고 마무리를 한 뒤, 실 끝을 보이지 않게 정리합니다. 파스텔핑크색 실로 지름 5㎝의 폼폼을 만들어 모자 꼭대기에 바느질하여 붙입니다.

오리 제임스

제임스는 영국 서섹스의 라이에서 목재 골조로 된 작은 골동품점을 운영하고 있습니다. 토요일마다 아침 일찍 일어나서 좋아하는 빨간 주전자에 물을 채우죠(골동품점 주인답게 수집한 주전자와 찻주전자가 상당합니다). 좋은 차를 직접 준비하면서 어떤 골동품 전시회에 갈까를 정합니다. 제임스는 어떤 전시회에 가든지 인기 있는 손님이랍니다. 바구니에 향 좋은 차를 담은 보온병과 오이 샌드위치, 맛있는 치즈를 종류별로 담아 평생의 친구인 사자 세바스티안과 함께 골동품을 수집하러 가죠. 세바스티안을 위해 특별한 콩테 치즈 샌드위치를 준비하는 것도 잊지 않습니다. 대놓고 말하지는 않지만, 제임스는 토요일을 정말 좋아합니다.

QR코드를 스캔하면 다양한 피카파우 친구들을 만날 수 있습니다.

주의 머리와 몸통을 하나로 뜹니다.

난이도 ★

키
29cm(제시된 실로 떴을 때)

재료
- 우스티드 실: 틸그린, 파스텔핑크, 오프화이트, 페트롤블루, 노란색, 산호색, 갈색 약간, 연한 아쿠아블루 약간
- 코바늘 C-2/2.75mm
- 검은색 나사형 인형눈(8mm)
- 솜

필요한 기술 실고리로 원형코 만들기(32쪽), 기초사슬코로 타원형뜨기(34쪽), 원형단을 시작하면서 색깔 바꾸기(35쪽), 태피스트리 뜨기(36쪽), 몸통을 두 부분으로 나누기(47쪽), 연결하기(39쪽)

부리

(노란색)
사슬뜨기 6. 기초사슬코의 양쪽에서 뜨고 타원형뜨기를 합니다.
1단 코바늘로부터 두 번째 사슬에서 시작하여 늘리기, 짧은뜨기 3, 마지막 사슬에서 짧은뜨기 3. 계속해서 기초사슬코의 맞은편 고리에 짧은뜨기 4 [12코]
2-8단 짧은뜨기 12 [12코]
9단 (짧은뜨기 2, 늘리기) × 4 [16코]
10단 짧은뜨기 16 [16코]
바느질하기 위해 실을 길게 남기고 자른 뒤 마무리를 합니다. 솜을 약간 채웁니다.

머리와 몸통

(틸그린색으로 시작, 원형뜨기)
1단 실고리로 원형코 만들기, 짧은뜨기 6 [6코]
2단 (늘리기) × 6 [12코]
3단 (짧은뜨기 1, 늘리기) × 6 [18코]
4단 (짧은뜨기 2, 늘리기) × 6 [24코]
5단 (짧은뜨기 3, 늘리기) × 6 [30코]
6단 (짧은뜨기 4, 늘리기) × 6 [36코]
7단 (짧은뜨기 5, 늘리기) × 6 [42코]
8-19단 짧은뜨기 42 [42코]
오프화이트색 실로 바꿉니다.
20-21단 짧은뜨기 42 [42코]
부리를 14-19단 사이에 바느질하여 붙입니다. 부리는 단을 시작하는 곳의 반대편에 놓아야 합니다. 15-16단 사이에, 부리에서 3코 간격을 두고 나사형 인형눈을 끼웁니다.
파스텔핑크색 실로 바꿉니다.
22-24단 짧은뜨기 42 [42코]
25단 짧은뜨기 11, 늘리기, 짧은뜨기 19, 늘리기, 짧은뜨기 10 [44코]
26-30단 짧은뜨기 44 [44코]
31단 (짧은뜨기 10, 늘리기) × 4 [48코]
32-38단 짧은뜨기 48 [48코]
페트롤블루색 실로 바꿉니다.

39단 뒷고리에만 (짧은뜨기 7, 늘리기) × 6 [54코]

40-41단 짧은뜨기 54 [54코]

42단 오리 몸통의 등에서 중앙을 찾습니다. 아직 중앙까지 뜨지 않았으면, 중앙에 이를 때까지 계속 뜹니다. 그 후 사슬뜨기 7. 다음에 만들 코에 스티치마커를 끼웁니다. 이곳이 다음 단의 시작점입니다. 사슬코로 돌아가서 코바늘로부터 두 번째 사슬에서 시작하여 늘리기, 짧은뜨기 5, 기초사슬코가 시작된 코에 짧은뜨기 1, 이어서 몸통에 짧은뜨기 54, 이어서 기초 사슬코의 맞은편 고리에 짧은뜨기 5, 마지막 코에서 늘리기 [69코]

43단 (늘리기) × 2, 짧은뜨기 65, (늘리기) × 2 [73코]

44단 짧은뜨기 73 [73코]

45단 짧은뜨기 3, 줄이기, 짧은뜨기 63, 줄이기, 짧은뜨기 3 [71코]

46단 짧은뜨기 71 [71코]

47단 짧은뜨기 3, 줄이기, 짧은뜨기 23, 줄이기, 짧은뜨기 12, 줄이기, 짧은뜨기 22, 줄이기, 짧은뜨기 3 [67코]

48단 짧은뜨기 26, 줄이기, 짧은뜨기 11, 줄이기, 짧은뜨기 26 [65코]

49단 (짧은뜨기 1, 줄이기) × 2, 짧은뜨기 20, 줄이기, 짧은뜨기 9, 줄이기, 짧은뜨기 21, 줄이기, 짧은뜨기 1, 줄이기 [59코]

50단 (짧은뜨기 1, 줄이기) × 2, 짧은뜨기 48, 줄이기, 짧은뜨기 1, 줄이기 [55코]

51단 줄이기, 짧은뜨기 53 [54코]

머리와 몸통에 솜을 채웁니다. 이때 너무 많이 채우지 않아야 다리를 뜨기가 수월해요.

52단 (짧은뜨기 7, 줄이기) × 6 [48코]

53단 (짧은뜨기 6, 줄이기) × 6 [42코]

54단 (짧은뜨기 5, 줄이기) × 6 [36코]

다리

다리를 만들기 위해 코를 나눕니다. 다리 하나에 18코씩입니다. 몸통 뒷면에서 중앙 코를 찾습니다. 중앙 코에 있지 않다면, 중앙에 이를 때까지 계속 뜨거나 필요하면 코를 풀도록 합니다. 사슬뜨기 6. 마지막 코를 이전 단의 18번째 코에 짧은뜨기로 연결합니다(이 짧은뜨기는 다리의 첫 번째 코가 됩니다). 이제 첫 번째 다리의 코들이 원형으로 연결되었습니다(몸통의 18코와 기초사슬코의 사슬 6코). 계속해서 첫 번째 다리를 뜹니다.

1단 몸통에 짧은뜨기 18, 사슬 6코의 뒷고리에만 짧은뜨기 [24코]

2단 짧은뜨기 24 [24코]

3단 (짧은뜨기 1, 줄이기) × 8 [16코]

노란색 실로 바꿉니다.

4단 뒷고리에만 (짧은뜨기 2, 줄이기) × 4 [12코]

5-11단 짧은뜨기 12 [12코]

바느질하기 위해 실을 길게 남기고 자른 뒤 마무리를 합니다.
몸통과 다리에 솜을 충분히 넣습니다.

두 번째 다리

54단의 뒤쪽에서 뜨지 않은 첫 번째 코에 페트롤블루 실을 다시 연결합니다. 여기에서 두 번째 다리의 첫 번째 코를 시작합니다.

1단 몸통에 짧은뜨기 18, 다음 사슬 6코의 앞고리에만 짧은뜨기 6, 첫 번째 코에서 빼뜨기하여 단 연결 [24코] (109쪽 사진 참조).

2-11단 첫 번째 다리와 같은 방식으로 뜹니다.

바느질하기 위해 실을 길게 남기고 자른 뒤 마무리를 합니다.
다리에 솜을 충분히 넣습니다.

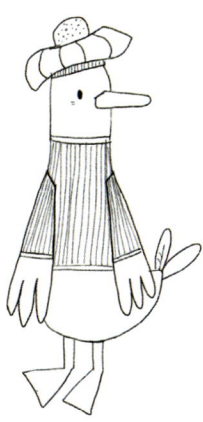

발

(2개, 노란색, 원형뜨기)

1단 실고리로 원형코 만들기, 짧은뜨기 6 [6코]
2단 짧은뜨기 6 [6코]
3단 (늘리기) × 6 [12코]
4단 짧은뜨기 12 [12코]
5단 (짧은뜨기 3, 늘리기) × 3 [15코]
6단 짧은뜨기 15 [15코]
7단 (짧은뜨기 4, 늘리기) × 3 [18코]
8단 짧은뜨기 18 [18코]
9단 (짧은뜨기 5, 늘리기) × 3 [21코]
10단 짧은뜨기 21 [21코]
11단 (짧은뜨기 6, 늘리기) × 3 [24코]
12-13단 짧은뜨기 24 [24코]

바느질하기 위해 실을 길게 남기고 자른 뒤 마무리를 합니다. 발에는 솜을 채우지 않아요. 편물을 편평하게 펴고, 돗바늘을 이용하여 마지막 단의 구멍을 막습니다. 발을 다리에 바느질하여 붙입니다.

꼬리

(2개, 페트롤블루색으로 시작, 원형뜨기)

1단 실고리로 원형코 만들기, 짧은뜨기 6 [6코]
2단 (늘리기) × 6 [12코]
3-10단 짧은뜨기 12 [12코]

바느질하기 위해 실을 길게 남기고 자른 뒤 마무리를 합니다. 꼬리에는 솜을 채우지 않아요. 연한 아쿠아블루색 실로 꼬리에 장식 수를 놓습니다. 편물을 편평하게 펴고 꼬리를 몸통 뒤쪽, 42-44단 사이 중앙에 바느질하여 붙입니다.

날개

(2개, 틸그린색으로 시작, 원형뜨기)

깃털(3개) 만들기로 시작합니다.

1단 실고리로 원형코 만들기, 짧은뜨기 5 [5코]

2단 (늘리기) × 5 [10코]

3-6단 짧은뜨기 10 [10코]

실을 잘라 첫 번째 깃털을 마무리하고, 1-6단을 반복하여 두 번째 깃털도 만듭니다. 세 번째 깃털도 1-6단을 반복하는데, 깃털들을 연결하여 날개를 만들어야 하므로 세 번째 깃털에서는 실을 자르지 않습니다.

7단 두 번째 깃털에 짧은뜨기 4, 첫 번째 깃털에 짧은뜨기 10, 두 번째 깃털의 남은 코에 짧은뜨기 6, 세 번째 깃털에 짧은뜨기 10 [30코]

깃털과 깃털 사이의 구멍은 돗바늘로 막아도 됩니다.

8-9단 짧은뜨기 30 [30코]

10단 (짧은뜨기 4, 줄이기) × 5 [25코]

11-12단 짧은뜨기 25 [25코]

오프화이트색 실로 바꿉니다.

13단 짧은뜨기 25 [25코]

파스텔핑크색 실로 바꿉니다.

14-15단 짧은뜨기 25 [25코]

16단 (짧은뜨기 3, 줄이기) × 5 [20코]

17-19단 짧은뜨기 20 [20코]

20단 (짧은뜨기 3, 줄이기) × 4 [16코]

21-24단 짧은뜨기 16 [16코]

바느질하기 위해 실을 길게 남기고 자른 뒤 마무리를 합니다. 날개에는 솜을 채우지 않아요. 날개를 편평하게 펴고, 몸통의 양옆 25-26단 사이에 바느질하여 붙입니다.

골프 모자

주의 이 모자는 태피스트리 뜨기로 만듭니다. 이 뜨기법에 자신이 없으면, 그냥 단색 또는 가로 스트라이프 패턴으로 떠도 됩니다.

(오프화이트색으로 시작)

1단 실고리로 원형코 만들기, 짧은뜨기 8 [8코]

계속해서 오프화이트색과 산호색 실을 번갈아가며 뜹니다. 늘리기를 할 때마다 두 번째 코는 산호색 실로 뜨도록 하세요. 완성하면 산호색 줄은 8개입니다.

2단 (늘리기) × 8 [16코]

3단 (짧은뜨기 1, 늘리기) × 8 [24코]

4단 (짧은뜨기 2, 늘리기) × 8 [32코]

5단 (짧은뜨기 3, 늘리기) × 8 [40코]

6단 (짧은뜨기 4, 늘리기) × 8 [48코]

7단 (짧은뜨기 5, 늘리기) × 8 [56코]

8단 (짧은뜨기 6, 늘리기) × 8 [64코]

9단 (짧은뜨기 7, 늘리기) × 8 [72코]

10단 (짧은뜨기 8, 늘리기) × 8 [80코]

이후 단에서도 산호색 줄 뜨기를 계속합니다.

11-12단 ((오프화이트) 짧은뜨기 9, (산호색) 짧은뜨기 1) × 8 [80코]

계속해서 줄이기를 할 때마다 산호색 실로 뜹니다.

13단 (짧은뜨기 8, 줄이기) × 8 [72코]

14단 (짧은뜨기 7, 줄이기) × 8 [64코]

15단 (짧은뜨기 6, 줄이기) × 8 [56코]

16단 (짧은뜨기 5, 줄이기) × 8 [48코]

산호색 실로 바꿉니다.

17-18단 짧은뜨기 48 [48코]

마무리를 한 뒤 실 끝을 보이지 않게 정리합니다. 갈색으로 폼폼을 만들어서 모자 꼭대기에 바느질하여 붙입니다.

바닷가재 필립

필립은 프랑스 피카르디 해안가에서 태어났어요. 태어날 때 큰 더듬이가 없었지만, 가족에게서 집게발을 정교하게 사용하는 방법을 배웠고 덕분에 작은 장애를 극복할 수 있었습니다. 그는 훌륭한 기술을 익혔고, 마을의 모든 주민이 무슨 일을 해야 할 때면 그를 불렀어요. 하지만 그가 가장 좋아하는 일은 재단하기였답니다. 어느 날 그는 이제 자신의 작품을 세상 사람들과 나눠야 할 때라고 생각했어요. 그래서 모든 행운을 안고, 자신이 가장 좋아하는 작품인 스트라이프 셔츠(해안에서 영감을 얻어 만든 작품이에요)를 입고 파리행 기차에 올랐습니다. 파리로 간 그는 자신이 만든 셔츠들을 이웃과 지인들에게 팔기 시작했어요. 그리고 얼마 안 되어 모두가 그의 파란색 스트라이프 셔츠를 입고 있었지요. 이렇게 해서 필립은 역대 가장 유명한 재단사이자 '세일러복'의 디자이너가 되었답니다.

 QR코드를 스캔하면 다양한 피카파우 친구들을 만날 수 있습니다.

주의 머리와 몸통을 하나로 뜹니다.

난이도 ★

키
26cm(제시된 실로 떴을 때)

재료
- 우스티드 실: 산호색, 오프화이트 약간, 흰색, 파스텔핑크 약간, 프렌치블루, 검은색 약간
- 코바늘 C-2/2.75mm
- 검은색 나사형 인형눈(10mm)
- 솜

필요한 기술 실고리로 원형코 만들기(32쪽), 기초사슬코로 타원형뜨기(34쪽), 원형단을 시작하면서 색깔 바꾸기(35쪽), 몸통을 두 부분으로 나누기(47쪽), 연결하기(39쪽)

볼

(2개, 파스텔핑크, 원형뜨기)
1단 실고리로 원형코 만들기, 짧은뜨기 8 [8코]
첫코에 빼뜨기. 바느질하기 위해 실을 길게 남기고 자른 뒤 마무리를 합니다.

눈의 흰자위

(2개, 오프화이트, 원형뜨기)
1단 실고리로 원형코 만들기, 짧은뜨기 5 [5코]
2단 (늘리기) × 5 [10코]
첫코에 빼뜨기. 바느질하기 위해 실을 길게 남기고 자른 뒤 마무리를 합니다. 눈 흰자위 가운데에 나사형 인형눈을 끼우는데 아직 와셔는 끼우지 마세요.

머리와 몸통

(산호색으로 시작)
눈(2개) 만들기로 시작합니다.
1단 실고리로 원형코 만들기, 짧은뜨기 5 [5코]
2단 (늘리기) × 5 [10코]
3단 (짧은뜨기 1, 늘리기) × 5 [15코]
4-5단 짧은뜨기 15 [15코]
실을 자르고 마무리를 합니다. 실 끝의 첫 번째 눈에 보이지 않게 정리합니다. 1-5단을 반복하여 두 번째 눈을 만드는데, 이번에는 실을 자르지 않습니다. 다음 단에서 두 눈을 연결하여 머리를 만들어야 하기 때문이에요.
6단 사슬뜨기 1, 첫 번째 눈의 마지막 코에서 짧은뜨기 1, 첫 번째 눈의 남은 코에서 짧은뜨기 14, 다음 사슬코에 짧은뜨기 1, 두 번째 눈에 짧은뜨기 15, 다음 사슬코에 짧은뜨기 1 [32코]
7단 (짧은뜨기 3, 늘리기) × 8 [40코]
8단 짧은뜨기 40 [40코]
9단 (짧은뜨기 4, 늘리기) × 8 [48코]
머리에 있는 눈의 4-5단 사이에 흰자위와 나사형 인형눈을 끼웁니다. 뒷면에 와셔를 끼우고 흰자위를 눈에 바느질하여 붙입니다.

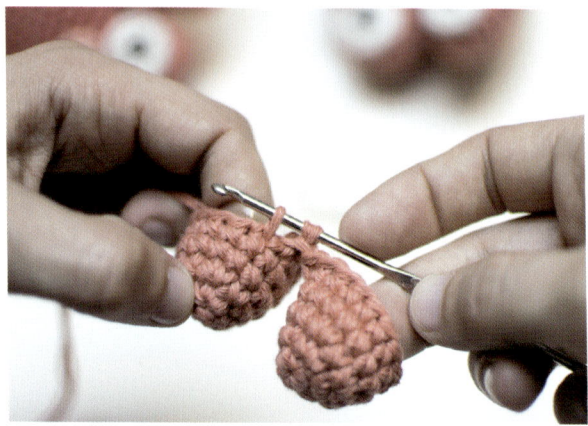

10-13단 짧은뜨기 48 [48코]

검은색 실로 8-9단 사이에 입을 수놓습니다. 볼을 8-11단 사이에 바느질하여 붙입니다. 눈에 솜을 조금 채웁니다.

14-20단 짧은뜨기 48 [48코]

계속해서 흰색 2단, 프렌치블루색 1단의 스트라이프 패턴을 뜹니다.

21-34단 짧은뜨기 48 [48코]

산호색 실로 바꿉니다.

35단 뒷고리에만 짧은뜨기 36. 몸통의 옆면을 찾습니다. 옆면에 있지 않다면, 몇 코를 더 뜨거나 풀도록 합니다. 사슬뜨기 13. 다음에 만들 코에 스티치마커를 끼워서 다음 단(바닷가재 꼬리)의 시작점을 표시합니다. 사슬코로 돌아가서 코바늘로부터 두 번째 사슬에서 늘리기, 짧은뜨기 11, 기초사슬코가 시작된 코에 짧은뜨기 1, 이어서 몸통에 짧은뜨기 48(필요할 경우 뒷고리에만), 이어서 사슬코의 맞은편 고리에 짧은뜨기 12 [74코]

36단 (늘리기) × 2, 짧은뜨기 71, 늘리기 [77코]

37단 (짧은뜨기 1, 늘리기) × 2, 짧은뜨기 72, 늘리기 [80코]

38-41단 짧은뜨기 80 [80코]

42단 짧은뜨기 4, 줄이기, 짧은뜨기 70, 줄이기, 짧은뜨기 2 [78코]

43단 짧은뜨기 4, 줄이기, 짧은뜨기 28, 줄이기, 짧은뜨기 8, 줄이기, 짧은뜨기 28, 줄이기, 짧은뜨기 2 [74코]

44단 짧은뜨기 4, 줄이기, 짧은뜨기 26, 줄이기, 짧은뜨기 7, 줄이기, 짧은뜨기 27, 줄이기, 짧은뜨기 2 [70코]

45단 짧은뜨기 4, 줄이기, 짧은뜨기 24, 줄이기, 짧은뜨기 6, 줄이기, 짧은뜨기 26, 줄이기, 짧은뜨기 2 [66코]

46단 짧은뜨기 4, 줄이기, 짧은뜨기 22, 줄이기, 짧은뜨기 5, 줄이기, 짧은뜨기 25, 줄이기, 짧은뜨기 2 [62코]

47단 짧은뜨기 4, 줄이기, 짧은뜨기 52, 줄이기, 짧은뜨기 2 [60코]

48단 짧은뜨기 60 [60코]

49단 (짧은뜨기 8, 줄이기) × 6 [54코]

50단 (짧은뜨기 7, 줄이기) × 6 [48코]

머리와 몸통에 솜을 충분히 채우고, 뜨면서 계속 채웁니다.

51단 (짧은뜨기 6, 줄이기) × 6 [42코]
52단 (짧은뜨기 5, 줄이기) × 6 [36코]
53단 (짧은뜨기 4, 줄이기) × 6 [30코]
54단 (짧은뜨기 3, 줄이기) × 6 [24코]
55단 (짧은뜨기 2, 줄이기) × 6 [18코]
56단 (짧은뜨기 1, 줄이기) × 6 [12코]
57단 (줄이기) × 6 [6코]

실을 길게 남기고 자른 뒤 마무리를 합니다. 남긴 실을 돗바늘에 꿰어 남은 각 코의 앞고리에 통과시킨 뒤 세게 잡아 당겨서 구멍을 막습니다. 실 끝을 보이지 않게 정리합니다.

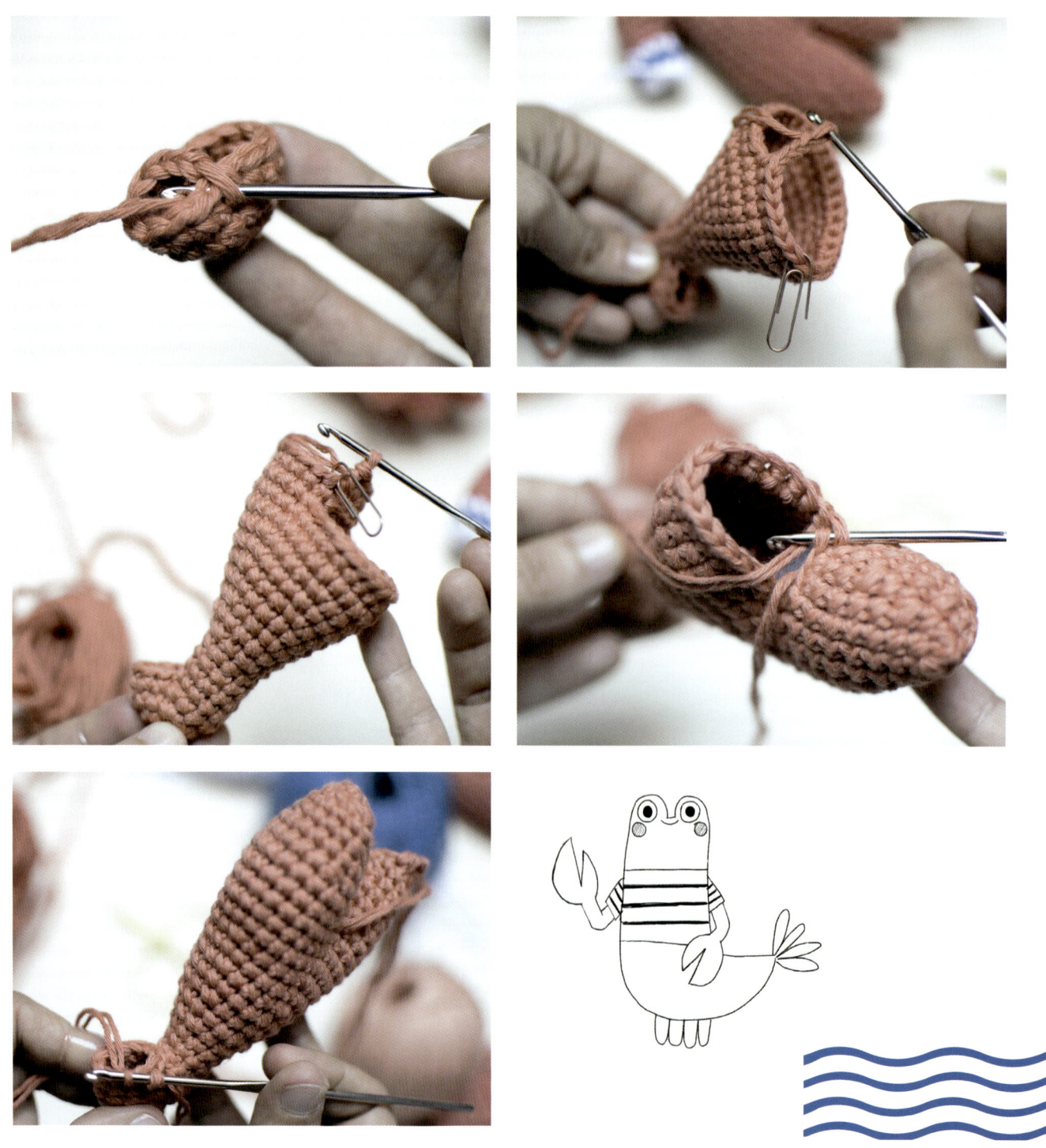

큰 집게발

(산호색, 원형뜨기)

팔꿈치
1단 실고리로 원형코 만들기, 짧은뜨기 6 [6코]
2단 (늘리기) × 6 [12코]
3단 (짧은뜨기 2, 늘리기) × 4 [16코]
4단 짧은뜨기 16 [16코]

집게발의 두 부분(위팔과 아래팔)을 만들기 위해 각각 8코씩으로 코를 나눕니다.

아래팔
사슬뜨기 2, 8코 건너뛰기, 마지막 코를 이전 단의 9번째 코에 짧은뜨기로 연결합니다.
이 부분은 팔꿈치의 8코와 사슬 2코의 기초사슬코로 만듭니다. 계속해서 아래팔을 뜹니다(116쪽 사진 참조).

1단 짧은뜨기 10(팔꿈치에 8, 사슬코의 뒷고리에만 2) [10코]
2-3단 짧은뜨기 10 [10코]
4단 (짧은뜨기 1, 늘리기) × 5 [15코]
5단 짧은뜨기 15 [15코]
6단 (짧은뜨기 2, 늘리기) × 5 [20코]
7단 짧은뜨기 20 [20코]
8단 (짧은뜨기 3, 늘리기) × 5 [25코]
9단 짧은뜨기 25 [25코]
10단 (짧은뜨기 4, 늘리기) × 5 [30코]
11-12단 짧은뜨기 30 [30코]

집게발의 첫 부분
집게발의 두 부분을 만들기 위해 각각 15코씩으로 코를 나눕니다. 짧은뜨기 7, 사슬뜨기 3, 15코 건너뛰기, 마지막 코를 16번째 코에 짧은뜨기로 연결합니다.
이 부분은 팔의 15코와 사슬3코의 기초사슬코로 만듭니다. 계속해서 첫 부분을 뜹니다(116쪽 사진 참조).

13단 짧은뜨기 18(팔에 15, 사슬코의 뒷고리에만 3) [18코]
14-15단 짧은뜨기 18 [18코]
16단 (짧은뜨기 4, 줄이기) × 3 [15코]
17단 짧은뜨기 15 [15코]
18단 (짧은뜨기 3, 줄이기) × 3 [12코]
19단 짧은뜨기 12 [12코]
20단 (줄이기) × 6 [6코]

실을 길게 남기고 자른 뒤 마무리를 합니다. 남긴 실을 돗바늘에 꿰어 남은 각 코의 앞고리에 통과시킨 뒤 세게 잡아당겨서 구멍을 막습니다. 실 끝을 보이지 않게 정리합니다. 집게발의 첫 부분에 솜을 충분히 채웁니다.

집게발의 두 번째 부분
산호색 실을 집게발의 첫 부분 왼쪽에 있는 코에 다시 연결합니다.

13단 짧은뜨기 15, 다음 사슬 3코의 앞고리에만 짧은뜨기 3. 18번째 코에 이르면, 첫 코에서 짧은뜨기를 해서 단을 연결합니다(116쪽 사진 참조).
14-20단 집게발의 첫 부분과 같은 방식으로 뜹니다.

위팔
산호색 실을 팔꿈치 4단에서 아래팔의 왼쪽에 있는 코에 연결합니다.

1단 짧은뜨기 8, 다음 사슬 2코의 앞고리에만 짧은뜨기 2. 팔의 10번째 코에 이르면, 첫 코에서 짧은뜨기를 해서 단을 연결합니다.
2-3단 짧은뜨기 10 [10코]

계속해서 흰색과 프렌치블루색 실로 매 단마다 색깔을 바꾸어 스트라이프 패턴을 뜹니다.

4-6단 짧은뜨기 10 [10코]

바느질하기 위해 실을 길게 남기고 마무리를 합니다. 팔에 솜을 충분히 채웁니다.

작은 집게발

(산호색, 원형뜨기)

팔꿈치
1-4단 큰 집게발의 1-4단과 같은 방식으로 뜹니다.

아래팔
사슬뜨기 2, 8코 건너뛰기. 마지막 코를 이전 단의 9번째 코에 짧은뜨기로 연결합니다. 이 부분은 팔꿈치의 8코와 사슬 2코의 기초사슬코로 만듭니다. 계속해서 아래팔을 뜹니다.

1단 짧은뜨기 10(팔꿈치에 8, 사슬코의 뒷고리에만 2) [10코]
2-3단 짧은뜨기 10 [10코]
4단 (짧은뜨기 4, 늘리기) × 2 [12코]
5단 (짧은뜨기 2, 늘리기) × 4 [16코]
6단 짧은뜨기 16 [16코]

7단 (짧은뜨기 3, 늘리기) × 4 [20코]
8단 짧은뜨기 20 [20코]
9단 (짧은뜨기 4, 늘리기) × 4 [24코]
10-11단 짧은뜨기 24 [24코]

집게발의 첫 부분

집게발의 두 부분을 만들기 위해 각각 12코씩으로 코를 나눕니다.
짧은뜨기 6, 사슬뜨기 3, 12코 건너뛰기, 마지막 코를 13번째 코에
짧은뜨기로 연결합니다.
이 부분은 아래팔의 12코와 사슬 3코의 기초사슬코로 만듭니다.
계속해서 첫 부분을 뜹니다.
12단 짧은뜨기 15(팔에 12, 사슬코의 뒷고리에만 3) [15코]
13-14단 짧은뜨기 15 [15코]
15단 (짧은뜨기 3, 줄이기) × 3 [12코]
16-17단 짧은뜨기 12 [12코]
18단 (줄이기) × 6 [6코]
실을 길게 남기고 자른 뒤 마무리를 합니다. 남긴 실을 돗바늘에 꿰어
남은 각 코의 앞고리에 통과시킨 뒤 세게 잡아당겨서 구멍을 막습니다.
실 끝을 보이지 않게 정리합니다. 집게발의 첫 부분에 솜을 충분히
채웁니다.

집게발의 두 번째 부분

산호색 실을 집게발의 첫 부분 왼쪽에 있는 코에 다시 연결합니다.
12단 짧은뜨기 12, 다음 사슬 3코의 앞고리에만 짧은뜨기 3. 15번째
코에 이르면, 첫 코에서 짧은뜨기를 해서 단을 연결합니다.
13-18단 집게발의 첫 부분과 같은 방식으로 뜹니다.

위팔

1-6단 큰 집게발의 1-6단을 반복합니다.
큰 집게발과 작은 집게발을 몸통의 양옆 23-24단 사이에 바느질하여
붙입니다.

꼬리 부분

(4개, 산호색, 원형뜨기)
1단 실고리로 원형코 만들기, 짧은뜨기 5 [5코]
2단 (늘리기) × 5 [10코]
3-8단 짧은뜨기 10 [10코]
바느질하기 위해 실을 길게 남기고 자른 뒤 마무리를 합니다.
꼬리 부분에는 솜을 채우지 않아요. 편물을 편평하게 편 뒤,
몸통의 35-40단 사이, 꼬리에 바느질하여 붙입니다.

다리

(6개, 산호색, 원형뜨기)
1단 실고리로 원형코 만들기, 짧은뜨기 8 [8코]
2-6단 짧은뜨기 8 [8코]
바느질하기 위해 실을 길게 남기고 자른 뒤 마무리를 합니다.
다리에 솜을 채웁니다. 6개의 다리를 몸통 아래, 51-55단
사이에 바느질하여 붙입니다.

거미원숭이 루피타

데이비드 보위의 노래 'Space Oddity'를 처음 들었을 때 루피타는 일생을 걸고 두 가지 일을 하겠다고 생각했어요. 그것은 원숭이류의 영역을 넘어서 우주 여행가기와 롤러스케이트를 타고 춤추는 법 배우기랍니다. 그 꿈을 이루기가 쉽지 않다는 것을 루피타도 알아요. 그래서 대부분의 시간을 공부하며 지냅니다. 그리고 더 이상 다른 단어나 공식을 공부할 수 없을 때에는 데이비드 보위의 음악을 들으며 스케이트 연습을 하러 갑니다. 우주에 가기 위해 공부하는 것이 꿈같은 도전이라면, 점프슈트와 반짝이는 스케이트 의상을 입고서 태연하게 롤러스케이트를 타는 것은 정말 어렵긴 해도 가능한 일 중의 하나죠.

 QR코드를 스캔하면 다양한 피카파우 친구들을 만날 수 있습니다.

주의 머리와 몸통을 하나로 뜹니다.
주의 우스티드 실과 핑거링(점프슈트용) 실 모두 C-2/2.75mm 코바늘로 뜹니다.

난이도 ★★

키
34cm(제시된 실로 떴을 때)

재료
- 우스티드 실: 오커옐로, 오프화이트, 파스텔핑크, 검은색 약간
- 핑거링 실: 틸그린, 연한 아쿠아블루, 파스텔핑크
- 코바늘 C-2/2.75mm
- 검은색 나사형 인형눈(타원형, 12mm)
- 솜

필요한 기술 실고리로 원형코 만들기(32쪽), 기초사슬코로 타원형뜨기(34쪽), 평면뜨기, 원형단을 시작하면서 색깔 바꾸기(35쪽), 단 중간에 색깔 바꾸기(35쪽), 점프 슈트를 두 부분으로 나누기(47쪽), 연결하기(39쪽)

주둥이

(오프화이트)
사슬뜨기 8. 기초사슬코의 양쪽에서 뜨고 타원형뜨기를 합니다.
1단 코바늘로부터 두 번째 사슬부터 시작, 짧은뜨기 6, 마지막 코에서 짧은뜨기 3. 이어서 기초사슬코의 맞은편 고리에서 짧은뜨기 5, 늘리기 [16코]
2단 늘리기, 짧은뜨기 5, (늘리기) × 3, 짧은뜨기 5, (늘리기) × 2 [22코]
3-5단 짧은뜨기 22 [22코]
바느질하기 위해 실을 길게 남기고 자른 뒤 마무리를 합니다. 검은색 실로 입과 코를 수놓습니다. 주둥이에 솜을 약간 채웁니다.

볼

(2개, 파스텔핑크, 원형뜨기)
1단 실고리로 원형코 만들기, 짧은뜨기 6 [6코]
2단 (늘리기) × 6 [12코]
첫코에 빼뜨기. 바느질하기 위해 실을 길게 남기고 자른 뒤 마무리를 합니다.

머리와 몸통

(오커옐로, 원형뜨기)
1단 실고리로 원형코 만들기, 짧은뜨기 6 [6코]
2단 짧은뜨기 6 [6코]
3단 (짧은뜨기 1, 늘리기) × 3 [9코]
4단 (짧은뜨기 2, 늘리기) × 3 [12코]
5단 (짧은뜨기 1, 늘리기) × 6 [18코]
6단 (짧은뜨기 2, 늘리기) × 6 [24코]
7단 (짧은뜨기 3, 늘리기) × 6 [30코]
8단 (짧은뜨기 4, 늘리기) × 6 [36코]
9단 (짧은뜨기 5, 늘리기) × 6 [42코]
10단 (짧은뜨기 6, 늘리기) × 6 [48코]
11단 (짧은뜨기 7, 늘리기) × 6 [54코]
12단 (짧은뜨기 8, 늘리기) × 6 [60코]
계속해서 오커옐로색과 오프화이트색 실을 번갈아가며 뜹니다. 괄호에 제시된 색으로 그 뒷부분을 뜨면 됩니다.
13단 (오커옐로) 짧은뜨기 21, (오프화이트) 짧은뜨기 6, (오커옐로) 짧은뜨기 6, (오프화이트) 짧은뜨기 6, (오커옐로) 짧은뜨기 21 [60코]
14단 (오커옐로) 짧은뜨기 20, (오프화이트) 짧은뜨기 8, (오커옐로) 짧은뜨기 4, (오프화이트) 짧은뜨기 8, (오커옐로) 짧은뜨기 20 [60코]

15단 (오커옐로) 짧은뜨기 19, (오프화이트) 짧은뜨기 10, (오커옐로) 짧은뜨기 2, (오프화이트) 짧은뜨기 10, (오커옐로) 짧은뜨기 19 [60코]

16단 (오커옐로) 짧은뜨기 18, (오프화이트) 짧은뜨기 24, (오커옐로) 짧은뜨기 18 [60코]

17-20단 (오커옐로) 짧은뜨기 17, (오프화이트) 짧은뜨기 26, (오커옐로) 짧은뜨기 17 [60코]

21단 (오커옐로) 짧은뜨기 19, (오프화이트) 짧은뜨기 22, (오커옐로) 짧은뜨기 19 [60코]

22단 (오커옐로) 짧은뜨기 21, (오프화이트) 짧은뜨기 18, (오커옐로) 짧은뜨기 21 [60코]

23단 (오커옐로) (짧은뜨기 3, 줄이기) × 4, 짧은뜨기 3, (오프화이트) 줄이기, (짧은뜨기 3, 줄이기) × 2, 짧은뜨기 2, (오커옐로) 짧은뜨기 1, 줄이기, (짧은뜨기 3, 줄이기) × 4 [48코]

계속해서 오커옐로색 실로 뜹니다.

24단 (짧은뜨기 2, 줄이기) × 12 [36코]

25단 (짧은뜨기 4, 줄이기) × 6 [30코]

주둥이를 16-23단 사이, 오프화이트색 조각 가운데에 바느질하여 붙입니다. 18-19단 사이에, 주둥이에서 2코 간격을 두고 나사형 인형눈을 끼웁니다.

26단 (짧은뜨기 1, 줄이기) × 10 [20코]

27단 짧은뜨기 20 [20코]

머리에 솜을 충분히 채웁니다.

28단 (짧은뜨기 1, 늘리기) × 10 [30코]

29단 짧은뜨기 30 [30코]

30단 (짧은뜨기 4, 늘리기) × 6 [36코]

31-44단 짧은뜨기 36 [36코]

45단 (짧은뜨기 4, 줄이기) × 6 [30코]

46단 (짧은뜨기 3, 줄이기) × 6 [24코]

몸통에 솜을 충분히 채웁니다.

47단 (짧은뜨기 2, 줄이기) × 6 [18코]

48단 (짧은뜨기 1, 줄이기) × 6 [12코]

49단 (줄이기) × 6 [6코]

실을 길게 남기고 자른 뒤 마무리를 합니다. 남긴 실을 돗바늘에 꿰어 남은 각 코의 앞고리에 통과시킨 뒤 세게 잡아당겨서 구멍을 막습니다. 실 끝을 보이지 않게 정리합니다.

다리

(2개, 오프화이트색으로 시작, 원형뜨기)

1단 실고리로 원형코 만들기, 짧은뜨기 6 [6코]

2단 (늘리기) × 6 [12코]

3-10단 짧은뜨기 12 [12코]

오커옐로색 실로 바꿉니다.

11-36단 짧은뜨기 12 [12코]

바느질하기 위해 실을 길게 남기고 자른 뒤 마무리를 합니다. 다리에 솜을 채웁니다. 두 다리를 몸통의 양옆 43-44단 사이에 바느질하여 붙입니다.

팔

(2개, 오프화이트색으로 시작, 원형뜨기)

1단 실고리로 원형코 만들기, 짧은뜨기 5 [5코]

2단 (늘리기) × 5 [10코]

3-7단 짧은뜨기 10 [10코]

오커옐로색 실로 바꿉니다.

8-26단 짧은뜨기 10 [10코]

27단 (짧은뜨기 3, 줄이기) × 2 [8코]

바느질하기 위해 실을 길게 남기고 자른 뒤 마무리를 합니다. 팔에 솜을 채웁니다. 두 팔을 몸통의 양옆 29-30단 사이에 바느질하여 붙입니다.

귀

(2개, 오커옐로, 원형뜨기)

1단 실고리로 원형코 만들기, 짧은뜨기 6 [6코]

2단 (늘리기) × 6 [12코]

3단 (짧은뜨기 1, 늘리기) × 6 [18코]

4단 (짧은뜨기 2, 늘리기) × 6 [24코]

5단 짧은뜨기 24 [24코]

6단 (짧은뜨기 2, 줄이기) × 6 [18코]

7단 (짧은뜨기 1, 줄이기) × 6 [12코]

8단 (줄이기) × 6 [6코]

실을 길게 남기고 자른 뒤 마무리를 합니다. 귀에는 솜을 채우지 않아요. 남긴 실을 돗바늘에 꿰어 남은 각 코의 앞고리에 통과시킨 뒤 세게 잡아당겨서 구멍을 막습니다. 실 끝을 보이지 않게 정리합니다. 귀를 얼굴의 15-21단 사이에, 하얀 조각에서 2코 간격을 두고 바느질하여 붙입니다.

점프슈트

(핑거링 실 1가닥과 C-2/2.75㎜ 코바늘 사용, 틸그린색으로 시작)

사슬뜨기 34. 평면뜨기 합니다.

1단 코바늘로부터 세 번째 사슬에서 시작하여 긴뜨기 32, 사슬뜨기 2. 방향 바꾸기. [32코]

틸그린색 1단과 파스텔핑크색 1단, 연한 아쿠아블루 1단의 스트라이프 패턴을 뜹니다.

2단 (긴뜨기 3, 긴뜨기 늘리기) × 8, 사슬뜨기 2, 방향 바꾸기. [40코]

3단 긴뜨기 6, 사슬뜨기 6, 6코 건너뛰기, 긴뜨기 16, 사슬뜨기 6, 6코 건너뛰기, 긴뜨기 6, 사슬뜨기 2, 방향 바꾸기. [40코]

다음 단은 긴뜨기와 사슬코에 뜹니다.

4단 (긴뜨기 4, 긴뜨기 늘리기) × 8, 사슬뜨기 2, 방향 바꾸기. [48코]

5-10단 긴뜨기 48, 사슬뜨기 2, 방향 바꾸기. [48코]

10단의 마지막 코를 이 단의 첫 코에 긴뜨기로 연결합니다(이 긴뜨기는 다음 원형단의 첫 코가 됩니다).

이제 점프슈트의 코가 원형으로 연결되었습니다.

계속해서 틸그린색 실로 바꾸어 나선형뜨기를 합니다.

11단 (긴뜨기 11, 긴뜨기 늘리기) × 4 [52코]

12-13단 긴뜨기 52 [52코]
14단 (긴뜨기 12, 긴뜨기 늘리기) × 4 [56코]
꼬리를 위한 구멍을 만들기 위해 점프슈트의 중앙을 찾습니다. 중앙에 있지 않다면, 몇 코를 더 뜨거나 풀도록 합니다.
15단 사슬뜨기 4, 4코 건너뛰기, 긴뜨기 52 [56코]
다음 단은 긴뜨기와 사슬뜨기에 뜹니다.
16단 긴뜨기 56코 [56코]
17단 (긴뜨기 13, 긴뜨기 늘리기) × 4 [60코]
18단 긴뜨기 60 [60코]

점프슈트 다리

바지 다리를 만들기 위해 코를 나눕니다. 다리 하나에 24코씩, 두 다리 사이 가운데 공간을 위해 6코, 뒤쪽에 6코로 나눕니다(이때 스티치마커를 사용하면 편리합니다). 두 다리와 점프슈트의 중심과 나란하지 않으면 점프슈트의 긴뜨기를 더 뜨거나 풀어 나란하게 맞춥니다. 뒤쪽에 있는 바지 다리의 마지막 코를 앞쪽에 긴뜨기로 연결합니다(이 긴뜨기는 점프슈트 다리의 첫 번째 코가 됩니다). 이제 점프슈트 첫 번째 다리의 코들이 원형으로 연결되었습니다. 계속해서 첫 번째 다리를 뜹니다.
1-3단 긴뜨기 24 [24코]
4단 (긴뜨기 11, 늘리기) × 2 [26코]
5-6단 긴뜨기 26 [26코]
7단 (긴뜨기 12, 늘리기) × 2 [28코]
8-11단 긴뜨기 28 [28코]
12단 (긴뜨기 13, 늘리기) × 2 [30코]
13-15단 긴뜨기 30 [30코]
편물이 한쪽으로 휘면, 마지막 단을 뜨기 전에 긴뜨기 몇 코를 더 떠야 할 수도 있습니다. 마지막 단을 빼뜨기로 하면 깔끔하게 완성됩니다.
16단 빼뜨기 30 [30코]
실을 자르고 마무리를 한 뒤 실 끝을 보이지 않게 정리합니다.

점프슈트 두 번째 다리

18단의 뒤쪽에서 뜨지 않은 일곱 번째 코에 틸그린색 실을 다시 연결합니다. 시작하는 실을 길게 남기세요. 여기에서 점프슈트 두 번째 다리의 첫 번째 코를 시작합니다.
1단 긴뜨기 24. 다리의 24번째 코에 이르면, 첫 코에서 긴뜨기를 하여 원형으로 연결합니다. [24코]
2-16단 점프슈트 첫 번째 다리와 같은 방식으로 뜹니다.
실을 자르고 마무리를 한 뒤 실 끝을 보이지 않게 정리합니다. 돗바늘을 이용하여 점프슈트 다리 사이의 6코를 바느질하여 막습니다.

완성하기

편물의 겉면을 앞에 놓고, 코바늘을 네크라인의 왼쪽에 넣어 틸그린색 실 고리 하나를 잡아 뺍니다. 점프슈트 상의 가장자리를 따라, 목 부분에서 짧은뜨기 32, 상의 한쪽의 단 옆면에 짧은뜨기 약 29, 반대쪽 단 옆면에 짧은뜨기 약 29. 사슬뜨기 4, 첫코에 빼뜨기. 실을 자르고 마무리를 한 뒤 실 끝을 보이지 않게 정리합니다.

소매 프릴

소매 프릴을 만들기 위해 점프슈트 3단에서 건너뛰기한 코 직전 마지막 코에 파스텔핑크색 실을 연결하고 평면뜨기를 합니다. 사슬뜨기 2.
1단 (긴뜨기 늘리기) × 8, 사슬뜨기 2. 방향 바꾸기. [16코]
2단 (긴뜨기 늘리기) × 16 [32코]
실을 자르고 마무리를 한 뒤 실 끝을 보이지 않게 정리합니다.

단추

(핑거링 실, 파스텔핑크, 원형뜨기)
1단 실고리로 원형코 만들기, 짧은뜨기 8 [8코]
2단 짧은뜨기 8 [8코]
바느질하기 위해 실을 길게 남기고 자른 뒤 마무리를 합니다. 남긴 실을 돗바늘에 꿰어 남은 각 코의 앞고리에 통과시킨 뒤 세게 잡아당겨서 구멍을 막습니다. 점프슈트 뒷면, 단춧구멍 맞은편에 단추를 답니다.

꼬리

(오커옐로, 원형뜨기)
1단 실고리로 원형코 만들기, 짧은뜨기 8 [8코]
계속 뜨면서 솜을 약간 채웁니다.
2-40단 짧은뜨기 8 [8코]
바느질하기 위해 실을 길게 남기고 자른 뒤 마무리를 합니다. 필요하면 솜을 더 채웁니다. 점프슈트의 꼬리 구멍에 주의하면서, 꼬리를 몸통에 바느질하여 붙입니다(125쪽 사진 참조).

작은개미핥기 몬티

정원사인 몬티는 정말 운이 좋습니다. 대단히 멋진 풍경을 자랑하는 우루과이의 바예 델 루나레호에서 살고 있거든요. 몬티의 집은 '케브라초'(그가 좋아하는 나무예요) 꼭대기에 있어요. 그곳에서 마테차를 마시고 꿀을 바른 추로스를 먹으면서 지내는 것을 좋아합니다(꿀은 조금만 발라요. 친절한 꿀벌 친구들의 호의를 함부로 쓰고 싶지 않기 때문이지요). 매일 해지기 전이면 과즙이 풍부한 과일과 노트북을 가방에 넣고 계곡을 둘러봅니다. 모든 나무의 건강 상태를 점검하고 곤충들이 자기 할 일을 잘 하고 있는지 확인하는 것이 그의 일입니다. 평소 몬티는 혼자 있는 것을 좋아하지만, 한 달에 한 번은 카이만 악어 르네, 긴코너구리 마르코스와 만나서 서로 근무하는 지역에 대한 데이터를 교환하고 함께 읽은 책에 대해 토론합니다.

 QR코드를 스캔하면 다양한 피카파우 친구들을 만날 수 있습니다.

주의 이 인형은 진회색과 연회색의 혼색을 위해 스포트 2가닥으로 뜹니다. 뜨개실 2볼을 함께 뜨거나 볼 1개의 시작과 끝을 잡고 뜨도록 합니다.

난이도 ★★

키
32cm(제시된 실로 떴을 때)

재료
- 스포트 실: 검은색, 연한 아쿠아블루, 오프화이트, 흑회색, 파스텔핑크
- 코바늘 C-2/2.75mm
- 검은색 나사형 인형눈(8mm)
- 솜

필요한 기술 2가닥으로 뜨기, 코와 코 사이에서 뜨기(25쪽), 평면뜨기, 실고리로 원형코 만들기(32쪽), 원형단을 시작하면서 색깔 바꾸기(35쪽), 몸통을 두 부분으로 나누기(47쪽), 연결하기(39쪽)

머리

(검은색 2가닥으로 시작, 원형뜨기)
코에서 시작합니다.
1단 실고리로 원형코 만들기, 짧은뜨기 6 [6코]
2단 (짧은뜨기 1, 늘리기) × 3 [9코]
3단 짧은뜨기 9 [9코]
4단 (짧은뜨기 2, 늘리기) × 3 [12코]
5-6단 짧은뜨기 12 [12코]
7단 (짧은뜨기 3, 늘리기) × 3 [15코]
8-9단 짧은뜨기 15 [15코]
검은색 1가닥과 연한 아쿠아블루색 1가닥으로 바꿉니다.
10단 (짧은뜨기 4, 늘리기) × 3 [18코]
11-12단 짧은뜨기 18 [18코]
13단 (짧은뜨기 5, 늘리기) × 3 [21코]
14-15단 짧은뜨기 21 [21코]
연한 아쿠아블루색 2가닥으로 바꿉니다.
16단 (짧은뜨기 6, 늘리기) × 3 [24코]
17-18단 짧은뜨기 24 [24코]
19단 (짧은뜨기 7, 늘리기) × 3 [27코]
20-21단 짧은뜨기 27 [27코]
코의 검은색 부분에는 연한 아쿠아블루색 실로, 연한 아쿠아블루색 부분에는 검은색 실로 짧은 선을 수놓습니다.
22단 (짧은뜨기 8, 늘리기) × 3 [30코]
23-24단 짧은뜨기 30 [30코]

코에 솜을 채우고 계속 뜨면서 머리에도 채웁니다.
25단　(짧은뜨기 9, 늘리기) × 3 [33코]
26-27단　짧은뜨기 33 [33코]
28단　(짧은뜨기 10, 늘리기) × 3 [36코]
29-30단　짧은뜨기 36 [36코]
31단　(짧은뜨기 11, 늘리기) × 3 [39코]
32-33단　짧은뜨기 39 [39코]
34단　(짧은뜨기 12, 늘리기) × 3 [42코]
35-37단　짧은뜨기 42 [42코]
38단　(짧은뜨기 13, 늘리기) × 3 [45코]
39-48단　짧은뜨기 45 [45코]
40-41단 사이에, 19코 간격을 두고 나사형 인형눈을 끼웁니다. 파스텔핑크색 실로 작게 볼을 수놓습니다.
49단　(짧은뜨기 13, 줄이기) × 3 [42코]
50단　(짧은뜨기 5, 줄이기) × 6 [36코]
51단　(짧은뜨기 4, 줄이기) × 6 [30코]
52단　(짧은뜨기 3, 줄이기) × 6 [24코]
53단　(짧은뜨기 2, 줄이기) × 6 [18코]
54단　(짧은뜨기 1, 줄이기) × 6 [12코]
55단　(줄이기) × 6 [6코]
실을 길게 남기고 자른 뒤 마무리를 합니다. 남긴 실을 돗바늘에 꿰어 남은 각 코의 앞고리에 통과시킨 뒤 세게 잡아당겨서 구멍을 막습니다. 실 끝을 보이지 않게 정리합니다.

몸통

(연한 아쿠아블루색 2가닥으로 시작)

사슬뜨기 27. 사슬코가 꼬이지 않도록 주의하면서 코바늘을 첫 번째 사슬코에 넣고 빼뜨기로 기초사슬코를 연결합니다. 계속해서 나선형뜨기를 합니다.
1-2단　짧은뜨기 27 [27코]
계속해서 오프화이트색과 흑회색 실 2가닥씩으로 매 단마다 색깔을 바꾸어 스트라이프 패턴을 뜹니다.
3단　(짧은뜨기 8, 늘리기) × 3 [30코]
4-7단　짧은뜨기 30 [30코]
8단　(짧은뜨기 4, 늘리기) × 6 [36코]
9-12단　짧은뜨기 36 [36코]
13단　(짧은뜨기 5, 늘리기) × 6 [42코]
14-17단　짧은뜨기 42 [42코]
18단　(짧은뜨기 6, 늘리기) × 6 [48코]
19-22단　짧은뜨기 48 [48코]
연한 아쿠아블루색 2가닥으로 바꿉니다.
23단　뒷고리에만 (짧은뜨기 7, 늘리기) × 6 [54코]
24-27단　짧은뜨기 54 [54코]
28단　(짧은뜨기 8, 늘리기) × 6 [60코]
29-35단　짧은뜨기 60 [60코]
36단　(짧은뜨기 8, 줄이기) × 6 [54코]
37-40단　짧은뜨기 54 [54코]

다리

다리를 만들기 위해 코를 나눕니다. 다리 하나에 21코씩, 두 다리 사이 공간을 위해 앞쪽에 6코, 뒤쪽에 6코로 나눕니다(이때 스티치마커를 사용하면 편리합니다). 뒤쪽에 있는 다리의 마지막 코를 앞쪽에 짧은뜨기로 연결합니다(이 짧은뜨기는 다리의 첫 번째 코가 됩니다). 이제 첫 번째 다리의 코들이 원형으로 연결되었습니다. 계속해서 첫 번째 다리를 뜹니다.
41-42단　짧은뜨기 21 [21코]
검은색 1가닥과 연한 아쿠아블루색 1가닥으로 바꿉니다.
43단　짧은뜨기 21 [21코]
44단　(짧은뜨기 5, 줄이기) × 3 [18코]
45-46단　짧은뜨기 18 [18코]
47단　(짧은뜨기 4, 줄이기) × 3 [15코]
검은색 2가닥으로 바꿉니다.
48-49단　짧은뜨기 15 [15코]
몸통과 다리에 솜을 충분히 넣습니다.
50단　(짧은뜨기 3, 줄이기) × 3 [12코]
51-52단　짧은뜨기 12 [12코]
53단　(줄이기) × 6 [6코]
실을 길게 남기고 자른 뒤 마무리를 합니다. 남긴 실을 돗바늘에 꿰어 남은 각 코의 앞고리에 통과시킨 뒤, 세게 잡아당겨서 구멍을 막습니다. 실 끝을 보이지 않게 정리합니다.

두 번째 다리

40단의 뒤쪽에서 뜨지 않은 일곱 번째 코에 연한 아쿠아블루색 2가닥을 다시 연결합니다. 시작하는 실을 길게 남깁니다. 여기에서 두 번째 다리의 첫 번째 코를 시작합니다.

41단 짧은뜨기 21. 21번째 코에 이르면, 첫 번째 코에서 짧은뜨기를 하여 원형으로 연결합니다. [21코]

42-53단 첫 번째 다리와 같은 방식으로 뜹니다.

필요하면 솜을 더 채웁니다. 돗바늘을 이용하여 두 다리 사이의 6코를 바느질하여 막습니다. 머리의 38-49단 사이에 몸통을 바느질하여 붙입니다.

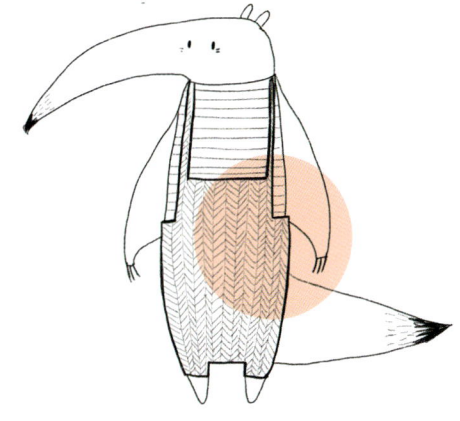

팔

(2개, 오프화이트색 2가닥으로 시작, 원형뜨기)

1단 실고리로 원형코 만들기, 짧은뜨기 5 [5코]
2단 짧은뜨기 5 [5코]
3단 (짧은뜨기 1, 늘리기) × 2, 짧은뜨기 1 [7코]
4-5단 짧은뜨기 7 [7코]
6단 (짧은뜨기 2, 늘리기) × 2, 짧은뜨기 1 [9코]
오프화이트색 1가닥과 검은색 1가닥으로 바꿉니다.
7-8단 짧은뜨기 9 [9코]
9단 (짧은뜨기 3, 늘리기) × 2, 짧은뜨기 1 [11코]
10-11단 짧은뜨기 11 [11코]
12단 (짧은뜨기 4, 늘리기) × 2, 짧은뜨기 1 [13코]
검은색 1가닥과 연한 아쿠아블루색 1가닥으로 바꿉니다.
13-14단 짧은뜨기 13 [13코]
솜을 약간 채우고, 뜨면서 계속 채웁니다.
15단 (짧은뜨기 5, 늘리기) × 2, 짧은뜨기 1 [15코]
16-17단 짧은뜨기 15 [15코]
18단 (짧은뜨기 6, 늘리기) × 2, 짧은뜨기 1 [17코]
연한 아쿠아블루색 2가닥으로 바꿉니다.
19-20단 짧은뜨기 17 [17코]
21단 (짧은뜨기 7, 늘리기) × 2, 짧은뜨기 1 [19코]
22-30단 짧은뜨기 19 [19코]
31단 (짧은뜨기 1, 줄이기) × 6, 짧은뜨기 1 [13코]
32단 짧은뜨기 13 [13코]
바느질하기 위해 실을 길게 남기고 자른 뒤 마무리를 합니다. 필요하면 솜을 더 채웁니다. 두 팔을 몸통의 양옆, 4-5단 사이에 바느질하여 붙입니다.

귀

(2개, 연한 아쿠아블루색 2가닥, 원형뜨기)

1단 실고리로 원형코 만들기, 짧은뜨기 8 [8코]
2-4단 짧은뜨기 8 [8코]
바느질하기 위해 실을 길게 남기고 자른 뒤 마무리를 합니다. 귀에는 솜을 채우지 않아요. 편물을 편평하게 편 뒤, 머리 위, 47-48단 사이에 바느질하여 붙입니다.

꼬리

(검은색 2가닥으로 시작, 원형뜨기)

1단 실고리로 원형코 만들기, 짧은뜨기 6 [6코]
2단 짧은뜨기 6 [6코]
3단 (짧은뜨기 1, 늘리기) × 3 [9코]
4-5단 짧은뜨기 9 [9코]
6단 (짧은뜨기 2, 늘리기) × 3 [12코]
7-8단 짧은뜨기 12 [12코]
9단 (짧은뜨기 3, 늘리기) × 3 [15코]
10-11단 짧은뜨기 15 [15코]
검은색 1가닥과 연한 아쿠아블루색 1가닥으로 바꿉니다.
12단 (짧은뜨기 4, 늘리기) × 3 [18코]
13-14단 짧은뜨기 18 [18코]
15단 (짧은뜨기 5, 늘리기) × 3 [21코]
16-17단 짧은뜨기 21 [21코]
18단 (짧은뜨기 6, 늘리기) × 3 [24코]
19-20단 짧은뜨기 24 [24코]
21단 (짧은뜨기 7, 늘리기) × 3 [27코]
22-23단 짧은뜨기 27 [27코]
24단 (짧은뜨기 8, 늘리기) × 3 [30코]
25-26단 짧은뜨기 30 [30코]
27단 (짧은뜨기 9, 늘리기) × 3 [33코]
28-29단 짧은뜨기 33 [33코]
30단 (짧은뜨기 10, 늘리기) × 3 [36코]
31-32단 짧은뜨기 36 [36코]
33단 (짧은뜨기 11, 늘리기) × 3 [39코]
34-35단 짧은뜨기 39 [39코]
36단 (짧은뜨기 12, 늘리기) × 3 [42코]
37-38단 짧은뜨기 42 [42코]
연한 아쿠아블루색 2가닥으로 바꿉니다.
39단 (짧은뜨기 13, 늘리기) × 3 [45코]
40-42단 짧은뜨기 45 [45코]
바느질하기 위해 실을 길게 남기고 자른 뒤 마무리를 합니다. 솜을 채웁니다.
꼬리를 몸통 뒤, 23-37단 사이 중앙에 바느질하여 붙입니다.

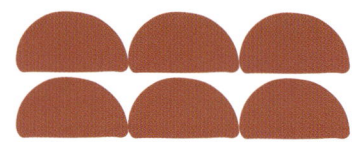

작업복

(파스텔핑크색 2가닥)
작업복 다리(2개)부터 시작합니다.
사슬뜨기 24. 사슬코가 꼬이지 않도록 주의하면서, 코바늘을 첫 번째
사슬코에 넣어 빼뜨기를 해서 기초사슬코를 만듭니다. 사슬뜨기 2. 계속해서
나선형뜨기를 합니다.

1-4단 긴뜨기 24 [24코]
실을 자른 뒤 마무리를 하고 실 끝을 첫 번째 다리에서 보이지 않게
정리합니다.
1-4단을 반복하여 두 번째 다리를 만드는데, 이번에는 실을 자르지 않고
다음 단에서 첫 번째 다리와 연결하여 작업복을 만듭니다.

5단 사슬뜨기 4, 첫 번째 다리의 마지막 코에 긴뜨기 1, 첫 번째 다리의
나머지 코에 긴뜨기 23, 사슬코에 긴뜨기 4, 두 번째 다리에 긴뜨기 24,
사슬코에 긴뜨기 4 [56코]
돗바늘을 이용하여 두 다리 사이의 구멍을 막습니다.

6-8단 긴뜨기 56 [56코]

9단 긴뜨기 44. 이 단을 끝내지 않고, 꼬리를 위해 12코 공간을 만듭니다.
이어서 평면뜨기를 합니다. 사슬뜨기 2, 방향 바꾸기. 이제 10-31단은 이전
단의 코들의 윗면이 아니라 코와 코 사이에서 뜬다는 점을 주의하세요.

10-14단(평) 코 사이에서 긴뜨기 44, 사슬뜨기 2, 방향 바꾸기. [44코]

15단(평) 코 사이에서 긴뜨기 44. 사슬뜨기 12. 마지막 사슬코를 이 단의 첫
코에 긴뜨기로 연결합니다(이 긴뜨기가 다음 원형뜨기 단의 첫 코가 됩니다).
이제 작업복의 코들이 원형으로 연결되었습니다. 계속해서 나선형뜨기를
합니다(132쪽 사진 참조).

16-17단(원) 코 사이에서 긴뜨기 56 [56코]
18단(원) (코 사이에서 긴뜨기 5, 줄이기) × 8 [48코]
19-20단(원) 코 사이에서 긴뜨기 48 [48코]
21단(원) 코 사이에서 긴뜨기 32 [32코] 이 단을 끝내지 않습니다.
다음은 평면뜨기로 가슴받이를 뜹니다. (작업복을 편평하게 펴고 현재 위치가
오른쪽 다리의 바깥점에 있는지 확인합니다. 그 위치가 아니라면 긴뜨기를 몇
코 더 뜨거나 풀도록 합니다.) 사슬뜨기 2, 방향 바꾸기.

22-23단(평) 코 사이에서 긴뜨기 20, 사슬뜨기 2, 방향 바꾸기. [20코]
24단(평) 코 사이에서 긴뜨기 2, 줄이기, 코 사이에서 긴뜨기 12, 줄이기,
코 사이에서 긴뜨기 2, 사슬뜨기 2, 방향 바꾸기. [18코]
25단(평) 코 사이에서 긴뜨기 18, 사슬뜨기 2, 방향 바꾸기. [18코]
26단(평) 코 사이에서 긴뜨기 2, 줄이기, 코 사이에서 긴뜨기 10, 줄이기,
코 사이에서 긴뜨기 2, 사슬뜨기 2, 방향 바꾸기. [16코]
27단(평) 코 사이에서 긴뜨기 16, 사슬뜨기 2, 방향 바꾸기. [16코]
28단(평) 코 사이에서 긴뜨기 2, 줄이기, 코 사이에서 긴뜨기 8, 줄이기,
코 사이에서 긴뜨기 2, 사슬뜨기 2, 방향 바꾸기. [14코]
29단 코 사이에서 긴뜨기 14, 사슬뜨기 2, 방향 바꾸기. [14코]
30단(평) 코 사이에서 긴뜨기 2, 줄이기, 코 사이에서 긴뜨기 6, 줄이기,
코 사이에서 긴뜨기 2, 사슬뜨기 2, 방향 바꾸기. [12코]
31단(평) 코 사이에서 긴뜨기 12 [12코]
마무리를 하지 않고, 어깨끈을 만듭니다. 사슬뜨기 25코, 사슬코를 허리의
뒷면에 짧은뜨기로 연결합니다(꼬리 공간을 참고하거나 가슴받이의 왼쪽으로
9번째 코에 짧은뜨기로 연결합니다). 이어서 허리에서 짧은뜨기 11(허리의
뒷면에서 총 짧은뜨기 12코를 뜹니다).
사슬뜨기 25코, 사슬코를 31단(평)의 마지막 코에 짧은뜨기로 연결
(이 짧은뜨기를 가슴받이의 첫 코로 셉니다), 가슴받이의 12코에 짧은뜨기.

32단(원) 이어서 어깨끈 사슬코에서 빼뜨기 25, 허리에서 빼뜨기 12,
두 번째 어깨끈에서 빼뜨기 25, 가슴받이의 상단에서 빼뜨기 12. [74코]
실을 자르고 마무리를 한 뒤, 실 끝을 보이지 않게 정리합니다. 이제
가슴받이의 옆선을 깔끔하게 만들기 위해, 허리에 있는 어깨끈의 바깥선에
코바늘을 넣어 파스텔핑크 실을 연결합니다. 어깨끈의 25코에서 빼뜨기,
가슴받이의 왼쪽 13단 옆면에 빼뜨기, 허리의 8코에서 빼뜨기. 실을 자르고
마무리를 한 뒤, 실 끝을 보이지 않게 정리합니다. 작업복의 반대쪽에서도
반복합니다(133쪽 사진 참조).

염소 하비에르

하비에르는 스페인 남부의 고향 마을에 있는 올리브 과수원에서 친척들과 함께 일합니다. 하비에르의 일가는 그 지역에서 가장 훌륭한 올리브 오일을 생산하는데, 그는 자신이 그 일원이라는 것을 큰 영광으로 생각합니다. 하비에르는 원예에 관해서도 특별한 꿈이 있어요. 페루에 사는 알파카 마르시아 아주머니를 만나러 갔던 지난 여행에서 페루 농법에 푹 빠졌거든요. 마르시아 아주머니에게서 씨앗을 받아와 고향에서 다양한 품종의 옥수수와 감자, 토마토를 기르기 시작했답니다. 그의 꿈은 일찍이 남미가 원산지였던 모든 품종을 재배하고 원래의 맛을 되찾아서 지구를 서서히 치유시키는 것입니다. 작물이 자라기를 기다리는 동안 그는 뜨개질을 합니다. 그리고 직접 실을 만들고 염색하는 법을 배워볼까 생각중이랍니다.

 QR코드를 스캔하면 다양한 피카파우 친구들을 만날 수 있습니다.

주의 머리와 몸통을 하나로 뜹니다.

난이도 ★★

키
33cm(제시된 실로 떴을 때, 뿔 포함)

재료
- 우스티드 실: 갈색, 오프화이트, 흑회색, 노란색, 검은색 약간, 파스텔핑크 약간
- 코바늘 C-2/2.75mm
- 검은색 나사형 인형눈(10mm)
- 솜

필요한 기술 실고리로 원형코 만들기(32쪽), 기초사슬코로 타원형뜨기(34쪽), 원형단을 시작하면서 색깔 바꾸기(35쪽), 단 중간에서 색깔 바꾸기(35쪽), 평면뜨기, 몸통을 두 부분으로 나누기(47쪽), 멍석뜨기(28쪽), 자수(38쪽), 연결하기(39쪽)

볼

(2개, 파스텔핑크, 원형뜨기)
1단 실고리로 원형코 만들기, 짧은뜨기 8 [8코]
첫코에 빼뜨기. 바느질하기 위해 실을 길게 남기고 자른 뒤 마무리를 합니다.

주둥이

(오프화이트, 원형뜨기)
1단 실고리로 원형코 만들기, 짧은뜨기 6 [6코]
2단 (늘리기) × 6 [12코]
3단 (짧은뜨기 1, 늘리기) × 6 [18코]
4단 (짧은뜨기 2, 늘리기) × 6 [24코]
5-7단 짧은뜨기 24 [24코]
8단 (짧은뜨기 5, 늘리기) × 4 [28코]
9단 짧은뜨기 28 [28코]
바느질하기 위해 실을 길게 남기고 자른 뒤 마무리를 합니다. 검은색 실로 코와 입을 수놓습니다. 주둥이에 솜을 채웁니다.

머리와 몸통

(갈색으로 시작, 원형뜨기)
1단 실고리로 원형코 만들기, 짧은뜨기 6 [6코]
2단 (늘리기) × 6 [12코]
3단 (짧은뜨기 1, 늘리기) × 6 [18코]
계속해서 갈색과 오프화이트색 실을 번갈아가며 뜹니다. 괄호에 제시된 색으로 그 뒷부분을 뜨면 됩니다.
4단 (갈색) (짧은뜨기 2, 늘리기) × 2, (오프화이트) 짧은뜨기 2, 늘리기, 짧은뜨기 2, (갈색) 늘리기, (짧은뜨기 2, 늘리기) × 2 [24코]
5단 (갈색) (짧은뜨기 3, 늘리기) × 2, (오프화이트) 짧은뜨기 3, 늘리기, 짧은뜨기 2, (갈색) 짧은뜨기 1, 늘리기, (짧은뜨기 3, 늘리기) × 2 [30코]
6단 (갈색) (짧은뜨기 4, 늘리기) × 2, (오프화이트) 짧은뜨기 4, 늘리기, 짧은뜨기 2, (갈색) 짧은뜨기 2, 늘리기, (짧은뜨기 4, 늘리기) × 2 [36코]
7단 (갈색) (짧은뜨기 5, 늘리기) × 2, (오프화이트) 짧은뜨기 5, 늘리기, 짧은뜨기 2, (갈색) 짧은뜨기 3, 늘리기, (짧은뜨기 5, 늘리기) × 2 [42코]
8단 (갈색) (짧은뜨기 6, 늘리기) × 2, (오프화이트) 짧은뜨기 6, 늘리기, 짧은뜨기 2, (갈색) 짧은뜨기 4, 늘리기, (짧은뜨기 6, 늘리기) × 2 [48코]

9단 (갈색) (짧은뜨기 7, 늘리기) × 2, (오프화이트) 짧은뜨기 7, 늘리기, 짧은뜨기 2, (갈색) 짧은뜨기 5, 늘리기, (짧은뜨기 7, 늘리기) × 2 [54코]

10단 (갈색) (짧은뜨기 8, 늘리기) × 2, (오프화이트) 짧은뜨기 8, 늘리기, 짧은뜨기 2, (갈색) 짧은뜨기 6, 늘리기, 짧은뜨기 8, 늘리기) × 2 [60코]

11-15단 (갈색) 짧은뜨기 20, (오프화이트) 짧은뜨기 12, (갈색) 짧은뜨기 28 [60코]

16단 (갈색) 짧은뜨기 21, (오프화이트) 짧은뜨기 10, (갈색) 짧은뜨기 29 [60코]

17-18단 (갈색) 짧은뜨기 22, (오프화이트) 짧은뜨기 8, (갈색) 짧은뜨기 30 [60코]

계속해서 갈색 실로 뜹니다.

19-23단 짧은뜨기 60 [60코]

계속해서 갈색과 오프화이트색 실을 번갈아가며 뜹니다. 괄호에 제시된 색으로 그 뒷부분을 뜨면 됩니다.

24단 (갈색) (짧은뜨기 3, 줄이기) × 4, 짧은뜨기 1, (오프화이트) 짧은뜨기 2, 줄이기, 짧은뜨기 3, 줄이기, 짧은뜨기 2, (갈색) 짧은뜨기 1, 줄이기, (짧은뜨기 3, 줄이기) × 5 [48코]

25단 (갈색) (짧은뜨기 2, 줄이기) × 4, 짧은뜨기 1, (오프화이트) 짧은뜨기 1, 줄이기, 짧은뜨기 2, 줄이기, 짧은뜨기 2, (갈색) 줄이기, (짧은뜨기 2, 줄이기) × 5 [36코]

주둥이를 얼굴의 17-25단 사이에 바느질하여 붙입니다. 18-19단 사이에, 주둥이에서 3코 간격을 두고 나사형 인형눈을 끼웁니다. 볼을 눈 아래에 바느질하여 붙입니다.

26단 (갈색) (짧은뜨기 4, 줄이기) × 2, 짧은뜨기 1, (오프화이트) 짧은뜨기 3, 줄이기, 짧은뜨기 2, (갈색) 짧은뜨기 2, 줄이기, (짧은뜨기 4, 줄이기) × 2 [30코]

27단 (갈색) (짧은뜨기 3, 줄이기) × 2, 짧은뜨기 1, (오프화이트) 짧은뜨기 2, 줄이기, 짧은뜨기 2, (갈색) 짧은뜨기 1, 줄이기, (짧은뜨기 3, 줄이기) × 2 [24코]

28단 (갈색) 짧은뜨기 4, 줄이기, 짧은뜨기 3, (오프화이트) 짧은뜨기 1, 줄이기, 짧은뜨기2, (갈색) 짧은뜨기 2, 줄이기, 짧은뜨기 4, 줄이기 [20코]

29단 (갈색) 짧은뜨기 8, (오프화이트) 짧은뜨기 4, (갈색) 짧은뜨기 8 [20코]

머리에 솜을 충분히 채웁니다. 계속해서 흑회색과 오프화이트색 실로 매 단마다 색깔을 바꾸어 스트라이프 패턴을 뜹니다.

30단 (짧은뜨기 1, 늘리기) × 10 [30코]

31-32단 짧은뜨기 30 [30코]

33단 (짧은뜨기 4, 늘리기) × 6 [36코]

34-37단 짧은뜨기 36 [36코]

38단 (짧은뜨기 8, 늘리기) × 4 [40코]

39-41단 짧은뜨기 40 [40코]

갈색 실로 바꿉니다.

42단 뒷고리에만 짧은뜨기 40 [40코]

43-47단 짧은뜨기 40 [40코]

다리

다리를 만들기 위해 코를 나눕니다. 다리 하나에 16코씩, 두 다리 사이 공간을 위해 앞쪽에 4코, 뒤쪽에 4코로 나눕니다(이때 스티치마커를 사용하면 편리합니다). 두 다리와 머리가 나란하지 않으면 몸통에서 짧은뜨기를 더 뜨거나 코를 풀어 나란하게 맞춥니다. 뒤쪽에 있는 다리의 마지막 코를 앞쪽에 짧은뜨기로 연결합니다(이 짧은뜨기는 다리의 첫 번째 코가 됩니다). 이제 첫 번째 다리의 코들이 원형으로 연결되었습니다. 계속해서 첫 번째 다리를 뜹니다.

48-73단 짧은뜨기 16 [16코]

몸통과 다리에 솜을 충분히 채웁니다.

74단 (짧은뜨기 2, 줄이기) × 4 [12코]

75단 (줄이기) × 6 [6코]

실을 자르고 마무리를 합니다. 남긴 실을 돗바늘에 꿰어 남은 각 코의 앞고리에 통과시킨 뒤, 세게 잡아당겨서 구멍을 막습니다. 실 끝을 보이지 않게 정리합니다.

두 번째 다리

47단의 뒤쪽에서 뜨지 않은 다섯 번째 코에 갈색 실을 다시 연결합니다. 여기에서 두 번째 다리의 첫 번째 코를 시작합니다. 시작하는 실을 길게 남깁니다.

48단 짧은뜨기 16. 16번째 코에 이르면, 첫 번째 코에서 짧은뜨기를 하여 원형으로 연결합니다. [16코]

49-75단 첫 번째 다리와 같은 방식으로 뜹니다.

두 번째 다리에 솜을 채우고 필요하면 몸통에 솜을 더 채웁니다. 돗바늘을 이용하여 두 다리 사이의 4코를 바느질하여 막습니다.

팔

(2개, 갈색으로 시작, 원형뜨기)

1단 실고리로 원형코 만들기, 짧은뜨기 6 [6코]

2단 (늘리기) × 6 [12코]

3-4단 짧은뜨기 12 [12코]

5단 짧은뜨기 1, 한길긴뜨기 5코 구슬뜨기, 짧은뜨기 10 [12코]

6-17단 짧은뜨기 12 [12코]

계속해서 흑회색과 오프화이트색 실로 매 단마다 색깔을 바꾸어 스트라이프 패턴을 뜹니다.

18-20단 짧은뜨기 12 [12코]

21단 (짧은뜨기 1, 줄이기) × 4 [8코]

바느질하기 위해 실을 길게 남기고 자른 뒤 마무리를 합니다. 팔에 솜을 채웁니다. 두 팔을 몸통의 양옆 31-32단 사이에 바느질하여 붙입니다.

뿔

(2개, 오프화이트, 원형뜨기)

- **1단** 실고리로 원형코 만들기, 짧은뜨기 6 [6코]
- **2단** 짧은뜨기 6 [6코]
- **3단** 뒷고리에만 (짧은뜨기 1, 늘리기) × 3 [9코]
- **4단** 짧은뜨기 9 [9코]
- **5단** 뒷고리에만 (짧은뜨기 2, 늘리기) × 3 [12코]
- **6단** 짧은뜨기 12 [12코]
- **7단** 뒷고리에만 짧은뜨기 [12코]
- **8단** 짧은뜨기 12 [12코]

바느질하기 위해 실을 길게 남기고 자른 뒤 마무리를 합니다. 뿔에 솜을 약간 채웁니다. 뿔을 머리 위, 4-8단 사이에 바느질하여 붙입니다.

귀

(2개, 갈색, 원형뜨기)

- **1단** 실고리로 원형코 만들기, 짧은뜨기 6 [6코]
- **2단** (늘리기) × 6 [12코]
- **3단** 짧은뜨기 12 [12코]
- **4단** (짧은뜨기 1, 늘리기) × 6 [18코]
- **5-6단** 짧은뜨기 18 [18코]
- **7단** (짧은뜨기 2, 늘리기) × 6 [24코]
- **8-14단** 짧은뜨기 24 [24코]
- **15단** (짧은뜨기 4, 줄이기) × 4 [20코]
- **16-17단** 짧은뜨기 20 [20코]
- **18단** (짧은뜨기 3, 줄이기) × 4 [16코]
- **19-20단** 짧은뜨기 16 [16코]

바느질하기 위해 실을 길게 남기고 자른 뒤 마무리를 합니다. 귀에는 솜을 채우지 않아요. 오프화이트색 실로 귀 안쪽에 줄무늬를 수놓습니다. 귀를 편평하게 펴고 끝단을 반으로 접어 머리 위, 9-11단 사이에 바느질하여 붙입니다.

수염

(오프화이트, 원형뜨기)

- **1단** 실고리로 원형코 만들기, 짧은뜨기 5 [5코]
- **2단** 짧은뜨기 5 [5코]
- **3단** (짧은뜨기 1, 늘리기) × 2, 짧은뜨기 1 [7코]
- **4단** 짧은뜨기 7 [7코]

바느질하기 위해 실을 길게 남기고 자른 뒤 마무리를 합니다. 수염에 솜을 약간 채웁니다. 수염을 주둥이 밑, 7-9단 사이에 바느질하여 붙입니다.

꼬리

(갈색, 원형뜨기)

- **1단** 실고리로 원형코 만들기, 짧은뜨기 5 [5코]
- **2단** 짧은뜨기 5 [5코]
- **3단** (늘리기) × 5 [10코]
- **4단** 짧은뜨기 10 [10코]

바느질하기 위해 실을 길게 남기고 자른 뒤 마무리를 합니다. 꼬리에는 솜을 채우지 않아요. 뒷면, 42-43단 사이 가운데에 꼬리를 바느질하여 붙입니다.

작업복

(흑회색으로 시작)

사슬뜨기 48. 사슬코가 꼬이지 않도록 주의하면서, 코바늘을 첫 번째 사슬코에 넣어 빼뜨기를 해서 기초사슬코를 만듭니다. 계속해서 나선형뜨기를 합니다.

- **1단** 짧은뜨기 48 [48코]
- **2단** (짧은뜨기 23, 늘리기) × 2 [50코]

계속해서 흑회색 2코, 오프화이트 1코의 단과 흑회색 단을 번갈아가며 자카드 무늬 뜨기를 합니다(139쪽 그림 도안 참조).

- **3단** 짧은뜨기 50 [50코]
- **4단** 짧은뜨기 2, 사슬뜨기 5, 5코 건너뛰기, 짧은뜨기 43 [50코]
- **5-9단** 짧은뜨기 50 [50코]

작업복 다리

작업복 다리를 만들기 위해 코를 나눕니다. 다리 하나에 21코씩, 두 다리 사이 공간을 위해 앞쪽에 4코, 뒤쪽에 4코로 나눕니다. 꼬리 구멍이 가운데에 오도록 합니다. 뒤쪽에 있는 작업복 다리의 마지막 코를 앞쪽에 짧은뜨기로 연결합니다. 이제 작업복 첫 번째 다리의 코들이 원형으로 연결되었습니다. 계속해서 작업복 첫 번째 다리를 뜹니다.

10-20단 (자카드 무늬) 짧은뜨기 21 [21코]
21단 (흑회색) 빼뜨기 21 [21코]

실을 자르고 마무리를 합니다. 실 끝을 보이지 않게 정리합니다.

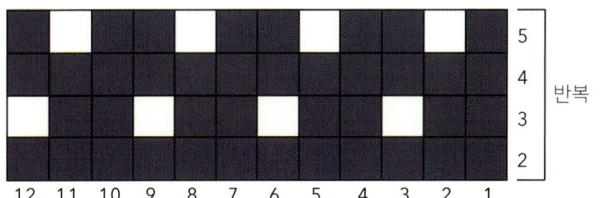

두 번째 다리

10단의 뒤쪽에서 뜨지 않은 다섯 번째 코에 흑회색 실을 다시 연결합니다. 여기에서 작업복 두 번째 다리의 첫 번째 코를 시작합니다.

10-21단 첫 번째 다리와 같은 방식으로 뜹니다.

실을 자르고 마무리를 한 뒤 실 끝을 보이지 않게 정리합니다. 돗바늘을 이용하여 두 다리 사이의 4코를 바느질하여 막습니다.

작업복 가슴받이

(노란색)

계속해서 가슴받이를 뜹니다. 1단의 가운데 12코에서 평면뜨기를 합니다. 작업복 겉면을 앞에 놓고 코바늘을 집어넣어 고리를 잡아 뺍니다.

1단 짧은뜨기 12, 사슬뜨기 1, 방향 바꾸기. [12코]
2-7단 멍석뜨기 12, 사슬뜨기 1, 방향 바꾸기. [12코]
8단 멍석뜨기 12 [12코]

마무리를 하지 않고 어깨끈과 허리를 만듭니다. 사슬뜨기 21, 코바늘로부터 두 번째 사슬에서 시작하여 빼뜨기 20. 이어서 가슴받이의 상단에서 빼뜨기 12, 사슬뜨기 21, 코바늘로부터 두 번째 사슬에서 시작해서 빼뜨기 20, 여덟 단의 옆면에 짧은뜨기. 계속해서 허리에서 짧은뜨기 7, 줄이기, 짧은뜨기 19, 줄이기, 짧은뜨기 7. 이어서 가슴받이의 겉면에서 여덟 단의 옆면에 짧은뜨기.

실을 자르고 마무리를 한 뒤 실 끝을 보이지 않게 정리합니다. 뒤에서 어깨끈을 교차시켜서 작업복에 바느질하여 붙입니다.

호랑이 니라

니라는 자기소개를 할 때 항상 공예작가라고 말합니다. 위빙, 코바늘뜨기, 대바늘뜨기, 마크라메 등과 같은 수공예를 다 잘합니다. 뿐만 아니라 니라는 디자이너이기도 해요. 다양한 과학 건설 분야에서 사용하는 지속가능한 재생 소재 원단을 만드는 기술실에서 일하죠. 하지만 이 직업에 대해서는 별로 말하지 않아요. 전문적인 내용을 말하면 많은 사람들이 지루해하거나 그냥 니라가 허풍을 떤다고 생각하기 때문이에요. 그녀가 좋아하는 것은 남들 눈에 띄지 않게 카페에 조용히 앉아 스카프를 뜨면서 다음의 큰 난제를 해결할 방법에 대해 생각하는 것이랍니다.

 QR코드를 스캔하면 다양한 피카파우 친구들을 만날 수 있습니다.

주의 별도의 설명이 없으면 C-2/2.75mm 코바늘을 사용합니다.
주의 머리와 몸통을 하나로 뜹니다.
주의 이 디자인은 X-짧은뜨기(23쪽)로 만들었어요. V-짧은뜨기를 할 경우, 줄무늬가 한쪽으로 쏠려서 반대쪽은 간격이 넓어질 거예요. 그 경우 줄무늬가 중앙으로 오도록 줄무늬를 이동시켜야 할 수도 있습니다.

난이도 ★★

키
32cm(제시된 실로 떴을 때, 귀 포함)

재료
- 우스티드 실: 파스텔핑크, 오프화이트, 검은색 약간, 러스티레드, 노란색, 회녹색
- 핑거링 실(2겹) 또는 라이트 우스티드 실: 틸그린
- 코바늘 C-2/2.75mm, C-3/3.25mm
- 검은색 나사형 인형눈(10mm)
- 솜

필요한 기술 실고리로 원형코 만들기(32쪽), 기초사슬코로 타원형뜨기(34쪽), 원형단을 시작하면서 색깔 바꾸기(35쪽), 단 중간에서 색깔 바꾸기(35쪽), 몸통을 두 부분으로 나누기(47쪽), 바스켓 스파이크 뜨기(29쪽), 자수(38쪽), 연결하기(39쪽)

주둥이

(오프화이트색으로 시작)
사슬뜨기 8. 기초사슬코의 양쪽에서 뜨고 타원형뜨기를 합니다.
1단 코바늘로부터 두 번째 사슬에서 시작하여 늘리기, 짧은뜨기 5, 마지막 코에서 짧은뜨기 3.
계속해서 기초사슬코의 맞은편 고리에 짧은뜨기 6 [16코]
계속해서 오프화이트색과 파스텔핑크색 실을 번갈아가며 뜹니다. 괄호에 제시된 색으로 그 뒷부분을 뜨면 됩니다.
2단 (오프화이트) (늘리기) × 2, 짧은뜨기 5, (늘리기) × 2, (파스텔핑크) 늘리기, 짧은뜨기 5, 늘리기 [22코]
3-5단 (파스텔핑크) 짧은뜨기 1, (오프화이트) 짧은뜨기 12, (파스텔핑크) 짧은뜨기 9 [22코]
바느질하기 위해 실을 길게 남기고 자른 뒤 마무리를 합니다. 검은색 실로 코와 입을 수놓습니다. 주둥이에 솜을 채웁니다.

머리와 몸통

(파스텔핑크색으로 시작, 원형뜨기)
1단 실고리로 원형코 만들기, 짧은뜨기 6 [6코]
2단 (늘리기) × 6 [12코]
3단 (짧은뜨기 1, 늘리기) × 6 [18코]
4단 (짧은뜨기 2, 늘리기) × 6 [24코]
5단 (짧은뜨기 3, 늘리기) × 6 [30코]
6단 (짧은뜨기 4, 늘리기) × 6 [36코]
계속해서 파스텔핑크색과 러스티레드색 실을 번갈아가며 뜹니다. 괄호에 제시된 색으로 그 뒷부분을 뜨면 됩니다.
7단 (파스텔핑크) (짧은뜨기 5, 늘리기) × 3, (러스티레드) 짧은뜨기 5, (파스텔핑크) 늘리기, (짧은뜨기 5, 늘리기) × 2 [42코]
8단 (파스텔핑크) (짧은뜨기 6, 늘리기) × 6 [48코]
9단 (파스텔핑크) (짧은뜨기 7, 늘리기) × 6 [54코]
10단 (파스텔핑크) 짧은뜨기 26, (러스티레드) 짧은뜨기 8, (파스텔핑크) 짧은뜨기 20 [54코]
11-12단 (파스텔핑크) 짧은뜨기 54 [54코]
13단 (파스텔핑크) 짧은뜨기 25, (러스티레드) 짧은뜨기 10, (파스텔핑크) 짧은뜨기 19 [54코]

14단   (파스텔핑크) 짧은뜨기 54 [54코]
15단   (파스텔핑크) (짧은뜨기 8, 늘리기) × 6 [60코]
16단   (파스텔핑크) 짧은뜨기 13, (러스티레드) 짧은뜨기 10, (파스텔핑크) 짧은뜨기 20, (러스티레드) 짧은뜨기 10, (파스텔핑크) 짧은뜨기 7 [60코]
17단   (파스텔핑크) 짧은뜨기 60 [60코]
오프화이트색 실로 바꿉니다.
18단   (짧은뜨기 4, 늘리기) × 12 [72코]
19-22단   짧은뜨기 72 [72코]
23단   (짧은뜨기 4, 줄이기) × 12 [60코]
24단   (짧은뜨기 3, 줄이기) × 12 [48코]
25단   (짧은뜨기 2, 줄이기) × 12 [36코]
주둥이를 러스티레드 세 줄의 아래, 15-22단 사이에 바느질하여 붙입니다.
16-17단 사이에, 주둥이에서 2코 간격을 두고 나사형 인형눈을 끼웁니다.
26단   (짧은뜨기 4, 줄이기) × 6 [30코]
27단   (짧은뜨기 3, 줄이기) × 6 [24코]
28단   (짧은뜨기 4, 줄이기) × 4 [20코]
29단   짧은뜨기 20 [20코]
회녹색 실로 바꿉니다.
30단   (짧은뜨기 4, 늘리기) × 4 [24코]
31단   (짧은뜨기 3, 늘리기) × 6 [30코]
32-33단   짧은뜨기 30 [30코]
34단   (짧은뜨기 4, 늘리기) × 6 [36코]
35-36단   짧은뜨기 [36코]
37단   (짧은뜨기 8, 늘리기) × 4 [40코]
38-40단   짧은뜨기 40 [40코]
파스텔핑크색 실로 바꿉니다.
41단   뒷고리에만 짧은뜨기 40 [40코]
42단   짧은뜨기 40 [40코]
이후 단에서 몸통의 양옆에 러스티레드색 선들을 만듭니다. 이 선들과 머리 옆의 선들이 나란해야 합니다. 나란하지 않으면 코를 더 뜨거나 풀어서 맞추도록 합니다(142쪽 사진 참조).
43단   (파스텔핑크) 짧은뜨기 10, (러스티레드) 짧은뜨기 10, (파스텔핑크) 짧은뜨기 10, (러스티레드) 짧은뜨기 10 [40코]
44-45단   (파스텔핑크) 짧은뜨기 40 [40코]
46단   (파스텔핑크) 짧은뜨기 10, (러스티레드) 짧은뜨기 10, (파스텔핑크) 짧은뜨기 10, (러스티레드) 짧은뜨기 10 [40코]

다리

다리를 만들기 위해 코를 나눕니다. 다리 하나에 16코씩, 두 다리 사이 공간을 위해 앞쪽에 4코, 뒤쪽에 4코로 나눕니다(이때 스티치마커를 사용하면 편리합니다). 두 다리와 머리가 나란하지 않으면 몸통에서 짧은뜨기를 더 뜨거나 코를 풀어 나란하게 맞춥니다. 뒤쪽에 있는 다리의 마지막 코를 앞쪽에 짧은뜨기로 연결합니다(이 짧은뜨기는 다리의 첫 번째 코가 됩니다). 이제 첫 번째 다리의 코들이 원형으로 연결되었습니다. 계속해서 첫 번째 다리를 뜹니다.
47-48단   (파스텔핑크) 짧은뜨기 16 [16코]
다음 단에서 러스티레드색 마지막 선을 뜹니다. 이 선은 몸통의 위에 있는 선들과 나란해야 합니다. 나란하지 않으면 코를 더 뜨거나 풀어서 맞추도록 합니다.
49단   (파스텔핑크) 짧은뜨기 2, (러스티레드) 짧은뜨기 10, (파스텔핑크) 짧은뜨기 4 [16코]
계속해서 파스텔핑크색 실로 뜹니다.
50-72단   짧은뜨기 16 [16코]
몸통과 다리에 솜을 충분히 넣습니다.
73단   (짧은뜨기 2, 줄이기) × 4 [12코]
74단   (줄이기) × 6 [6코]
실을 길게 남기고 자른 뒤 마무리를 합니다. 남긴 실을 돗바늘에 꿰어 남은 각 코의 앞고리에 통과시킨 뒤, 세게 잡아당겨서 구멍을 막습니다. 실 끝을 보이지 않게 정리합니다.

두 번째 다리

46단의 뒤쪽에서 뜨지 않은 다섯 번째 코에 파스텔핑크 실을 다시 연결합니다. 시작하는 실을 길게 남깁니다. 여기에서 두 번째 다리의 첫 번째 코를 시작합니다.
47단   짧은뜨기 16. 16번째 코에 이르면, 첫 번째 코에서 짧은뜨기를 하여 원형으로 연결합니다. [16코]
48-74단   첫 번째 다리와 같은 방식으로 뜹니다.
필요하면 솜을 더 채웁니다. 돗바늘을 이용하여 두 다리 사이의 4코를 바느질하여 막습니다.

팔

(2개, 파스텔핑크색으로 시작, 원형뜨기)
1단 실고리로 원형코 만들기, 짧은뜨기 6 [6코]
2단 (늘리기) × 6 [12코]
3-4단 짧은뜨기 12 [12코]
5단 짧은뜨기 1, 한길긴뜨기 5코 구슬뜨기, 짧은뜨기 10 [12코]
6-17단 짧은뜨기 12 [12코]
회녹색 실로 바꿉니다.
18-20단 짧은뜨기 12 [12코]
21단 (짧은뜨기 1, 줄이기) × 4 [8코]
바느질하기 위해 실을 길게 남기고 자른 뒤 마무리를 합니다. 팔에 솜을 채웁니다.
두 팔을 몸통의 양옆, 31-32단 사이에 바느질하여 붙입니다.

귀

(2개, 검은색으로 시작, 원형뜨기)
1단 실고리로 원형코 만들기, 짧은뜨기 6 [6코]
2단 (늘리기) × 6 [12코]
계속해서 파스텔핑크색과 오프화이트색 실을 번갈아가며 뜹니다.
괄호에 제시된 색으로 그 뒷부분을 뜨면 됩니다.
3단 (파스텔핑크) (짧은뜨기 1, 늘리기) × 4,
(오프화이트) (짧은뜨기 1, 늘리기) × 2 [18코]
4-7단 (파스텔핑크) 짧은뜨기 12, (오프화이트) 짧은뜨기 6 [18코]
바느질하기 위해 실을 길게 남기고 자른 뒤 마무리를 합니다.
귀에는 솜을 채우지 않아요.
귀를 편평하게 펴서 머리에 바느질하여 붙입니다.

스커트

(틸그린)
사슬뜨기 40. 사슬코가 꼬이지 않도록 주의하면서 코바늘을 첫 번째 사슬코에 넣고 빼뜨기를 하여 기초사슬코를 연결합니다. 계속해서 나선형 뜨기를 합니다.
1단 긴뜨기 40 [40코]
2단 (긴뜨기 4, 긴뜨기 늘리기) × 8 [48코]
3단 (긴뜨기 5, 긴뜨기 늘리기) × 8 [56코]
4단 (긴뜨기 6, 긴뜨기 늘리기) × 8 [64코]
5단 (긴뜨기 7, 긴뜨기 늘리기) × 8 [72코]
6단 (긴뜨기 8, 긴뜨기 늘리기) × 8 [80코]
7단 (긴뜨기 9, 긴뜨기 늘리기) × 8 [88코]
8단 (긴뜨기 10, 긴뜨기 늘리기) × 8 [96코]
9단 (긴뜨기 11, 긴뜨기 늘리기) × 8 [104코]
10단 (긴뜨기 12, 긴뜨기 늘리기) × 8 [112코]
11단 긴뜨기 112 [112코]
12단 빼뜨기 112 [112코]
실을 자르고 마무리를 한 뒤 실 끝을 보이지 않게 정리합니다.

허리

(틸그린)
스커트의 1단 첫 번째 코에 틸그린색 실을 연결합니다.
1-3단 짧은뜨기 40 [40코]
실을 자르고 마무리를 한 뒤 실 끝을 보이지 않게 정리합니다.

꼬리

(러스티레드색으로 시작, 원형뜨기)
1단 실고리로 원형코 만들기, 짧은뜨기 5 [5코]
2단 (늘리기) × 5 [10코]
3-5단 짧은뜨기 10 [10코]
파스텔핑크색 실로 바꿉니다. 계속해서 파스텔핑크 3단과 러스티레드 2단의 스트라이프 패턴을 뜹니다. 꼬리에 솜을 약간 채우고, 뜨면서 계속 채웁니다.
6-43단 짧은뜨기 10 [10코]
바느질하기 위해 실을 길게 남기고 자른 뒤 마무리합니다. 필요하면 솜을 더 채웁니다. 몸통 뒤, 43단 중앙에 꼬리를 바느질하여 붙입니다.

카울

(D-3/3.25㎜ 코바늘 사용, 노란색으로 시작)
사슬뜨기 50. 사슬코가 꼬이지 않도록 주의하면서 코바늘을 첫 번째 사슬코에 넣고 빼뜨기를 하여 기초사슬코를 연결합니다. 계속해서 나선형 뜨기를 합니다.
1단 짧은뜨기 50 [50코]
2단 (뒷고리에만 짧은뜨기 1, 이전 단의 다음 코에서 스파이크 뜨기) 끝까지 반복합니다.
오프화이트색 실로 바꿉니다.
3단 (이전 단의 다음 코에서 스파이크 뜨기, 뒷고리에만 짧은뜨기 1) 끝까지 반복합니다. 노란색 실로 바꿉니다.
4단 (뒷고리에만 짧은뜨기 1, 이전 단의 다음 코에서 스파이크 뜨기) 끝까지 반복합니다.
5단 (이전 단의 다음 코에서 스파이크 뜨기, 뒷고리에만 짧은뜨기 1) 끝까지 반복합니다. 오프화이트색 실로 바꿉니다.
6-11단 3-5단을 2회 이상 반복합니다.
실을 자르고 마무리한 뒤 실 끝을 보이지 않게 정리합니다.

사자 세바스티안

시나리오 작가이자 인형술사인 세바스티안은 영화 《다크 크리스탈》을 처음 보자마자 장래 희망을 정했습니다. 자기 눈을 믿을 수 없었죠. 모든 작업은 무대 뒤에서 이루어지고, 오직 인형과 줄만 이용하여(다소 복잡한 기술도 많이 필요하지만, 그런 것은 나중에 배우게 되는 것들이었어요) 그렇게 환상적인 애니메이션 세계를 만들다니요. 몇 개월(심지어 몇 년)이 필요했기에 바로 그날 그는 첫 번째 인형을 만들기 시작했습니다.

운 좋게 소품과 무대 장치를 설치하는 데 필요한 모든 재료는 친구인 오리 제임스(골동품 수집을 막 시작했죠)의 도움을 받을 수 있었습니다. 시간이 흘러 그는 작은 인형 극단을 모았고 몇 편의 유명한 애니메이션 영화와 시리즈에서 활약했습니다. 지금은 시나리오 작가가 되기 위해 글쓰기 실력을 높이려고 열심히 노력하고 있습니다.

 QR코드를 스캔하면 다양한 피카파우 친구들을 만날 수 있습니다.

난이도 ★★

키
28cm(제시된 실로 떴을 때)

재료
- 우스티드 실: 오커옐로, 갈색 (**주의** 갈기에 소요되는 실의 양은 몸통 소요량만큼이나 많아요), 오프화이트, 흰색, 페트롤블루, 파스텔핑크, 검은색 약간
- 코바늘 C-2/2.75mm, C-3/3.25mm
- 검은색 나사형 인형눈(8mm)
- 솜

필요한 기술 실고리로 원형코 만들기(32쪽), 원형단을 시작하면서 색깔 바꾸기(35쪽), 평면뜨기, 몸통을 두 부분으로 나누기(47쪽), 자수(38쪽), 연결하기(39쪽)

주둥이

(검은색으로 시작, 원형뜨기)
1단 실고리로 원형코 만들기, 짧은뜨기 6 [6코]
2단 (늘리기) × 6 [12코]
3단 짧은뜨기 12 [12코]
오커옐로색 실로 바꿉니다.
4단 (짧은뜨기 3, 늘리기) × 3 [15코]
5-21단 짧은뜨기 15 [15코]
바느질하기 위해 실을 길게 남기고 자른 뒤 마무리를 합니다. 주둥이에는 솜을 채우지 않아요. 주둥이를 편평하게 폅니다. 주둥이에 갈색 짧은 선들을 수놓습니다.

머리

(오프화이트색으로 시작, 원형뜨기)
1단 실고리로 원형코 만들기, 짧은뜨기 6 [6코]
2단 (늘리기) × 6 [6코]
3단 (짧은뜨기 1, 늘리기) × 6 [18코]
4단 (짧은뜨기 2, 늘리기) × 6 [24코]
5단 (짧은뜨기 3, 늘리기) × 6 [30코]
6단 짧은뜨기 30 [30코]
오커옐로색 실로 바꿉니다.
7-8단 짧은뜨기 30 [30코]

9단 짧은뜨기 14, (늘리기) × 2, 짧은뜨기 14 [32코]
10-11단 짧은뜨기 32 [32코]
12단 (짧은뜨기 7, 늘리기) × 4 [36코]
13-15단 짧은뜨기 36 [36코]
16단 (짧은뜨기 8, 늘리기) × 4 [40코]
17-19단 짧은뜨기 40 [40코]
20단 (짧은뜨기 9, 늘리기) × 4 [44코]
21-22단 짧은뜨기 44 [44코]
갈색 실로 바꿉니다. 이제 사자 갈기의 기초를 만듭니다.
주의 패턴에서 갈색 부분은 앞뒤고리에서 뜹니다. 하지만 갈기를 조립하는 데 더 수월하다면 뒷고리에만 떠도 됩니다.
23단 짧은뜨기 7, 늘리기, (짧은뜨기 5, 늘리기) × 5, 짧은뜨기 6 [50코]
24단 짧은뜨기 50 [50코]
25단 짧은뜨기 8, 늘리기, (짧은뜨기 6, 늘리기) × 5, 짧은뜨기 6 [56코]
26단 짧은뜨기 9, 늘리기, (짧은뜨기 7, 늘리기) × 5, 짧은뜨기 6 [62코]
주둥이를 머리의 2-22단 사이에 바느질하여 붙입니다. 주둥이는 단을 시작하는 곳의 반대편에 놓아야 합니다. 갈기의 증가를 고려하여 코를 중심에 두도록 합니다. 검은색 실로 입을 수놓습니다. 19-20단 사이에, 코에서 3코 간격을 두고 나사형 인형눈을 끼웁니다. 파스텔핑크색 실로 눈 뒤에 작은 볼을 수놓습니다.
27단 짧은뜨기 19, 늘리기, (짧은뜨기 8, 늘리기) × 3, 짧은뜨기 15 [66코]
28-30단 짧은뜨기 66 [66코]
31단 (짧은뜨기 9, 줄이기) × 6 [60코]
32단 (짧은뜨기 8, 줄이기) × 6 [54코]
33단 (짧은뜨기 7, 줄이기) × 6 [48코]
34단 (짧은뜨기 6, 줄이기) × 6 [42코]
35단 (짧은뜨기 5, 줄이기) × 6 [36코]
36단 (짧은뜨기 4, 줄이기) × 6 [30코]
머리에 솜을 충분히 채웁니다.
37단 (짧은뜨기 3, 줄이기) × 6 [24코]
38단 (짧은뜨기 2, 줄이기) × 6 [18코]
39단 (짧은뜨기 1, 줄이기) × 6 [12코]
40단 (줄이기) × 6 [6코]
실을 길게 남기고 자른 뒤 마무리를 합니다. 남긴 실을 돗바늘에 꿰어 남은 각 코의 앞고리에 통과시킨 뒤 세게 잡아당겨서 구멍을 막습니다. 실 끝을 보이지 않게 정리합니다.

몸통

(오커옐로색으로 시작)
시작하는 실을 길게 남깁니다. 사슬뜨기 24. 사슬코가 꼬이지 않도록 주의하면서 코바늘을 첫 번째 사슬코에 넣고 빼뜨기를 하여 기초사슬코를 연결합니다. 계속해서 나선형 뜨기를 합니다.
1-2단 짧은뜨기 24 [24코]
페트롤블루색 실로 바꿉니다.
3단 (짧은뜨기 3, 늘리기) × 6 [30코]
4-6단 짧은뜨기 30 [30코]
7단 (짧은뜨기 4, 늘리기) × 6 [36코]
8-10단 짧은뜨기 36 [36코]
11단 (짧은뜨기 8, 늘리기) × 4 [40코]
12-13단 짧은뜨기 40 [40코]
오커옐로색 실로 바꿉니다.
14단 뒷고리에만 짧은뜨기 40 [40코]
15-20단 짧은뜨기 40 [40코]

다리

다리를 만들기 위해 코를 나눕니다. 다리 하나에 18코씩, 두 다리 사이 공간을 위해 앞쪽에 2코, 뒤쪽에 2코로 나눕니다(이때 스티치마커를 사용하면 편리합니다). 뒤쪽에 있는 다리의 마지막 코를 앞쪽에 짧은뜨기로 연결합니다(이 짧은뜨기는 다리의 첫 번째 코가 됩니다). 이제 첫 번째 다리의 코들이 원형으로 연결되었습니다. 계속해서 첫 번째 다리를 뜹니다.
21-46단 짧은뜨기 18 [18코]
몸통과 다리에 솜을 충분히 채웁니다.
47단 (짧은뜨기 1, 줄이기) × 6 [12코]
48단 (줄이기) × 6 [6코]
실을 길게 남기고 자른 뒤 마무리를 합니다. 남긴 실을 돗바늘에 꿰어 남은 각 코의 앞고리에 통과시킨 뒤, 세게 잡아당겨서 구멍을 막습니다. 실 끝을 보이지 않게 정리합니다.

두 번째 다리

20단의 뒤쪽에서 뜨지 않은 세 번째 코에 오커옐로색 실을 다시 연결합니다. 시작하는 실을 길게 남깁니다. 여기에서 두 번째 다리의 첫 번째 코를 시작합니다.

21단 짧은뜨기 18. 18번째 코에 이르면, 첫 번째 코에서 짧은뜨기를 하여 원형으로 연결합니다. [18코]

22-48단 첫 번째 다리와 같은 방식으로 뜹니다.

필요하면 솜을 더 채웁니다. 돗바늘을 이용하여 두 다리 사이의 2코를 바느질하여 막습니다. 머리를 몸통에 바느질하여 붙입니다. 머리는 아주 많은 갈기를 지탱해야 하기 때문에 단단하게 붙여야 합니다.

귀

(2개, 오커옐로, 원형뜨기)

1단 실고리로 원형코 만들기, 짧은뜨기 6 [6코]
2단 (늘리기) × 6 [12코]
3-5단 짧은뜨기 12 [12코]

바느질하기 위해 실을 길게 남기고 자른 뒤 마무리를 합니다. 귀에는 솜을 채우지 않아요. 귀를 편평하게 펴서 머리 25-26단 사이에 바느질하여 붙입니다.

갈기

(갈색)

머리의 옆면 첫 번째 갈색단 사이에 코바늘을 넣습니다.

사슬뜨기 8. 머리의 다음 코에 빼뜨기를 하여 연결합니다. 계속해서 첫 단의 모든 코에 갈기를 만듭니다. 모든 갈색 단 사이에서 이것을 반복하는데, 이제는 사슬 10코 고리를 만들어 갈기를 만듭니다. 목 부분에서는 사슬 12코 고리를 만듭니다(151쪽 사진 참조).

151

팔

(2개, 오커옐로색으로 시작, 원형뜨기)

1단 실고리로 원형코 만들기, 짧은뜨기 6 [6코]
2단 (늘리기) × 6 [12코]
3-4단 짧은뜨기 12 [12코]
5단 짧은뜨기 1, 한길긴뜨기 5코 구슬뜨기, 짧은뜨기 10 [12코]
6-18단 짧은뜨기 12 [12코]
페트롤블루색 실로 바꿉니다.
19-21단 짧은뜨기 12 [12코]
22단 (짧은뜨기 1, 줄이기) × 4 [8코]
바느질하기 위해 실을 길게 남기고 자른 뒤 마무리를 합니다. 팔에 솜을 채웁니다. 두 팔을 몸통의 양옆 3-4단 사이에 바느질하여 붙입니다.

꼬리

(오커옐로, 원형뜨기)

1단 실고리로 원형코 만들기, 짧은뜨기 8 [8코]
잊지 말고 솜을 약간 채우고, 뜨면서 계속 채웁니다.
2-40단 짧은뜨기 8 [8코]
바느질하기 위해 실을 길게 남기고 자른 뒤 마무리를 합니다. 필요하면 솜을 더 채웁니다. 몸통 뒷면, 15단 중앙에 꼬리를 바느질하여 붙입니다.

반바지

(페트롤블루색으로 시작)

사슬뜨기 44. 사슬코가 꼬이지 않도록 주의하면서 코바늘을 첫 번째 사슬코에 넣고 빼뜨기를 하여 기초사슬코를 연결합니다. 계속해서 나선형 뜨기를 합니다.
페트롤블루색과 흰색 실로 매 단마다 색깔을 바꾸어 스트라이프 패턴을 뜹니다.

1-4단 짧은뜨기 44 [44코]
5단 짧은뜨기 37, 사슬뜨기 5, 5코 건너뛰기, 짧은뜨기 2 [44코]
6단 짧은뜨기 44 [44코]
7단 (짧은뜨기 10, 늘리기) × 4 [48코]
8-10단 짧은뜨기 48 [48코]
11단 (짧은뜨기 11, 늘리기) × 4 [52코]
12-13단 짧은뜨기 52 [52코]

반바지 다리

반바지 다리를 만들기 위해 코를 나눕니다. 다리 하나에 24코씩, 두 다리 사이 가운데 공간을 위해 2코, 뒤쪽에 2코로 나눕니다(이때 스티치마커를 사용하면 편리합니다). 5단에서 꼬리 구멍이 엉덩이 중앙에 있는지 확인합니다. 뒤쪽에 있는 반바지 다리의 마지막 코를 앞쪽에 짧은뜨기로 연결합니다(이 짧은뜨기는 반바지 다리의 첫 번째 코가 됩니다). 이제 첫 번째 반바지 다리의 코들이 원형으로 연결되었습니다. 계속해서 첫 번째 반바지 다리를 스트라이프 패턴으로 뜹니다.

14-20단 짧은뜨기 24 [24코]
흰색 실로 뜹니다.
21단 빼뜨기 24 [24코]
실을 자르고 마무리를 한 뒤 실 끝을 보이지 않게 정리합니다.

두 번째 반바지 다리

13단의 뒤쪽에서 뜨지 않은 세 번째 코에 흰색 실을 다시 연결합니다. 여기에서 두 번째 반바지 다리의 첫 번째 코를 시작합니다.

14-21단 첫 번째 반바지 다리와 같은 방식으로 뜹니다.

실을 자르고 마무리를 한 뒤 실 끝을 보이지 않게 정리합니다. 돗바늘을 이용하여 반바지 다리 사이의 2코를 꿰매어 막습니다.

허리

(흰색으로 시작)

1단의 첫 번째 코에 흰색 실을 연결합니다.

1단 짧은뜨기 44 [44코]
파스텔핑크색 실로 바꿉니다.
2단 짧은뜨기 44 [44코]
3단 빼뜨기 44 [44코]

실을 자르고 마무리를 한 뒤 실 끝을 보이지 않게 정리합니다.

스카프

(파스텔핑크)

사슬뜨기 110. 평면뜨기 합니다.

1단 코바늘로부터 세 번째 코에서 시작하여 긴뜨기 108, 사슬뜨기 2, 방향 바꾸기. [108코]

2-3단 뒷고리에만 긴뜨기 108, 사슬뜨기 2, 방향 바꾸기. [108코]

4단 뒷고리에만 긴뜨기 108 [108코]

실을 자르고 마무리를 한 뒤 실 끝을 보이지 않게 정리합니다.

갈기늑대 토마스

토마스는 아르헨티나와 파라과이, 브라질 사이의 어딘가에서 태어났습니다. 정확한 장소는 토마스도 몰라요. 솔직히 관심도 없어요. 토마스는 국경을 정하는 것이 어리석은 일이며, 오래전부터 사용된 국경의 개념을 사용하지 말아야 한다고 생각합니다. 하지만 국경과 국경 지대의 생활에 대해서는 관심이 있기 때문에 연구를 합니다. 그는 자신의 일을 아주 진지하게 생각합니다. 그렇다고 그가 재미없는 사람이라는 뜻은 아니에요. 토마스는 즐거운 파티를 좋아하고, 기회만 있으면 친구인 잭러셀 다니엘이 선물로 준 근사한 나비넥타이를 착용한답니다. 또 갈라파고스 섬으로 여행을 가려고 합니다. 거기에서 부엉이 뉴턴과 거북이 다윈을 만나 이 세상 만물의 깊은 상호관계에 대한 다큐멘터리를 찍을 계획이에요.

 QR코드를 스캔하면 다양한 피카파우 친구들을 만날 수 있습니다.

주의 머리와 몸통을 하나로 뜹니다.

난이도 ★

키
28cm(제시된 실로 떴을 때, 귀 포함)

재료
- 우스티드 실: 테라코타, 오프화이트, 검은색, 파스텔핑크 약간, 연한 아쿠아 블루, 흑회색
- 코바늘 C-2/2.75mm
- 검은색 나사형 인형눈(10mm)
- 솜

필요한 기술 실고리로 원형코 만들기(32쪽), 기초사슬코로 타원형뜨기(34쪽), 평면뜨기, 원형단을 시작하면서 색깔 바꾸기(35쪽), 도안에 따라 자카드 무늬 뜨기(36쪽), 몸통을 네 부분으로 나누기(47쪽), 자수(38쪽), 연결하기(39쪽)

볼

(2개, 파스텔핑크, 원형뜨기)
1단 실고리로 원형코 만들기, 짧은뜨기 6 [6코]
첫코에 빼뜨기. 바느질하기 위해 실을 길게 남기고 자른 뒤 마무리를 합니다.

주둥이

(검은색으로 시작)
1단 실고리로 원형코 만들기, 짧은뜨기 6 [6코]
2단 (늘리기) × 6 [12코]
3-6단 짧은뜨기 12 [12코]
오프화이트색 실로 바꿉니다.
7단 (짧은뜨기 1, 늘리기) × 6 [18코]
8-9단 짧은뜨기 18 [18코]
계속해서 오프화이트색과 테라코타색 실을 번갈아가며 뜹니다. 괄호에 제시된 색으로 그 뒷부분을 뜨면 됩니다.
10단 (오프화이트) 짧은뜨기 6, (테라코타) 짧은뜨기 2, (늘리기) × 2, 짧은뜨기 2, (오프화이트) 짧은뜨기 6 [20코]
11단 (오프화이트) 짧은뜨기 6, (테라코타) 짧은뜨기 8, (오프화이트) 짧은뜨기 6 [20코]
12단 (오프화이트) 짧은뜨기 6, (테라코타) 짧은뜨기 2, (늘리기) × 4, 짧은뜨기 2, (오프화이트) 짧은뜨기 6 [24코]
13단 (오프화이트) 짧은뜨기 6, (테라코타) 짧은뜨기 12, (오프화이트) 짧은뜨기 6 [24코]
바느질하기 위해 실을 길게 남기고 자른 뒤 마무리를 합니다.
검은색 실로 입을 수놓습니다. 주둥이에 솜을 채웁니다.

머리와 몸통

(테라코타색으로 시작, 원형뜨기)
1단 실고리로 원형코 만들기, 짧은뜨기 6 [6코]
2단 (늘리기) × 6 [12코]
3단 (짧은뜨기 1, 늘리기) × 6 [18코]
4단 (짧은뜨기 2, 늘리기) × 6 [24코]
5단 (짧은뜨기 3, 늘리기) × 6 [30코]
6단 (짧은뜨기 4, 늘리기) × 6 [36코]
7단 (짧은뜨기 5, 늘리기) × 6 [42코]
8단 (짧은뜨기 6, 늘리기) × 6 [48코]
9단 (짧은뜨기 7, 늘리기) × 6 [54코]
10단 (짧은뜨기 8, 늘리기) × 6 [60코]
11-18단 짧은뜨기 60 [60코]
오프화이트색 실로 바꿉니다.
19단 (짧은뜨기 3, 늘리기) × 15 [75코]

20-22단 짧은뜨기 75 [75코]
23단 (짧은뜨기 3, 줄이기) × 15 [60코]
24단 (짧은뜨기 3, 줄이기) × 12 [48코]
25단 (짧은뜨기 2, 줄이기) × 12 [36코]

주둥이를 15-16단 사이에 바느질하여 붙이는데, 단을 시작하는 곳의 반대편에 놓아야 합니다. 17-18단 사이에, 주둥이에서 3코 간격을 두고 나사형 인형눈을 끼웁니다. 볼을 눈 뒤에 바느질하여 붙입니다.

26단 (짧은뜨기 4, 줄이기) × 6 [30코]
27단 (짧은뜨기 3, 줄이기) × 6 [24코]
28단 (짧은뜨기 4, 줄이기) × 4 [20코]

머리에 솜을 채웁니다. 테라코타색 실로 바꿉니다.

29단 짧은뜨기 20 [20코]
30단 (짧은뜨기 4, 늘리기) × 4 [24코]
31단 주둥이의 반대쪽을 찾습니다. 현재 그 위치에 있지 않다면, 몇 코 더 뜨거나 풀도록 합니다. 사슬뜨기 15. 다음에 만들 코에 스티치마커를 끼웁니다. 이곳이 다음 단의 시작점입니다. 사슬코로 돌아가서 코바늘로부터 두 번째 사슬에서 늘리기, 짧은뜨기 13, 기초사슬코가 시작된 코에 짧은뜨기 1, 이어서 목에 짧은뜨기 24, 이어서 사슬코의 맞은편 고리에 짧은뜨기 14 [54코]
32단 (늘리기) × 2, 짧은뜨기 24, 늘리기, 짧은뜨기 1, 늘리기, 짧은뜨기 24, 늘리기 [59코]
33단 (짧은뜨기 1, 늘리기) × 2, 짧은뜨기 54, 늘리기 [62코]
34단 (짧은뜨기 2, 늘리기) × 2, 짧은뜨기 55, 늘리기 [65코]
35단 짧은뜨기 2, 늘리기, 짧은뜨기 3, 늘리기, 짧은뜨기 26, 늘리기, 짧은뜨기 2, 늘리기, 짧은뜨기 26, 늘리기, 짧은뜨기 1 [70코]
36-45단 짧은뜨기 70 [70코]

다리

코를 나누어 다리 4개를 만듭니다.

첫 번째 뒷다리

먼저, 몸통 뒷면의 가운데 코를 찾습니다. 현재 그 위치에 있지 않다면, 코를 더 떠서 가운데 코까지 갑니다.

짧은뜨기 2. 다음에 만들 코에 스티치마커를 끼웁니다.

짧은뜨기 11, 사슬뜨기 7. 마지막 코와 스티치마커가 끼워진 코를 빼뜨기로 연결합니다.

이 다리는 몸통의 11코와 사슬 7코의 기초사슬코로 만듭니다. 계속해서 첫 번째 뒷다리를 원형뜨기로 뜹니다(157쪽 사진 참조).

1단 짧은뜨기 18(몸통의 11코와 기초사슬코의 7코) [18코]
2-6단 짧은뜨기 18 [18코]

검은색 실로 바꿉니다.

7단 뒷고리에만 (짧은뜨기 4, 줄이기) × 3 [15코]
8-10단 짧은뜨기 15 [15코]
11단 (짧은뜨기 3, 줄이기) × 3 [12코]
12-15단 짧은뜨기 12 [12코]
16단 (줄이기) × 6 [6코]

실을 길게 남기고 자른 뒤 마무리를 합니다. 남긴 실을 돗바늘에 꿰어 남은 각 코의 앞고리에 통과시킨 뒤 세게 잡아당겨서 구멍을 막습니다. 실 끝을 보이지 않게 정리합니다.

157

첫 번째 앞다리

첫 번째 뒷다리로부터 9코를 세고(이 9코 부분은 복부가 됩니다), 10번째 코에 테라코타색 실을 연결합니다.
짧은뜨기 11, 사슬뜨기 7, 마지막 코와 첫 번째 코를 빼뜨기로 연결합니다.
1-16단 첫 번째 뒷다리의 1-16단을 반복합니다.

두 번째 앞다리

첫 번째 앞다리의 왼쪽으로 4코를 세고(이 4코 부분은 두 앞다리 사이의 공간입니다), 다섯 번째 코에 테라코타색 실을 연결합니다.
짧은뜨기 11, 사슬뜨기 7, 마지막 코와 첫 번째 코를 빼뜨기로 연결합니다.
1-16단 첫 번째 뒷다리의 1-16단을 반복합니다.

두 번째 뒷다리

두 번째 앞다리의 왼쪽에서 9코를 세고(이 부분은 복부입니다), 10번째 코에 테라코타색 실을 연결합니다.
짧은뜨기 11, 사슬뜨기 7, 마지막 코와 첫 번째 코를 빼뜨기로 연결합니다.
1-16단 첫 번째 뒷다리의 1-16단을 반복합니다.

복부

앞다리와 뒷다리 사이 좌우에 9코 공간과 앞다리 사이와 뒷다리 사이에 4코 공간이 있습니다. 이 코들로 뚜껑을 떠서 복부를 만듭니다. 먼저 9코 공간에서 시작합니다. 첫 번째 다리 옆의 첫 코에 테라코타색 실을 연결하여 평면뜨기를 합니다.
1~12단 짧은뜨기 9, 사슬뜨기 1, 방향 바꾸기. [9코]
바느질하기 위해 실을 길게 남기고 자른 뒤 마무리를 합니다.

뒷(앞)다리 사이의 뚜껑

뒷다리 사이의 뚜껑을 뜨기 위해 마지막으로 만든 다리 옆의 첫 코에 테라코타색 실을 연결하여 평면뜨기를 합니다.
1~4단 짧은뜨기 4, 사슬뜨기 1, 방향 바꾸기. [4코]
바느질하기 위해 실을 길게 남기고 자른 뒤 마무리를 합니다. 앞다리 사이의 뚜껑도 같은 방식으로 만듭니다.

몸통 연결하기

돗바늘을 이용하여 앞다리 뚜껑을 두 앞다리에, 뒷다리 뚜껑을 두 뒷다리에 바느질하여 붙입니다. 각 다리에 솜을 충분히 채웁니다. 넓은 복부 뚜껑을 맞은편 옆면에 바느질하여 붙입니다. 그리고 복부 뚜껑을 두 앞다리와 그 사이의 뚜껑, 두 뒷다리와 그 사이의 뚜껑에 연결하면서 몸통에 솜을 채웁니다.

귀

(2개, 검은색으로 시작, 원형뜨기)

1단　실고리로 원형코 만들기, 짧은뜨기 6 [6코]
2단　짧은뜨기 6 [6코]
3단　(짧은뜨기 1, 늘리기) × 3 [9코]
4단　짧은뜨기 9 [9코]
5단　(짧은뜨기 2, 늘리기) × 3 [12코]
테라코타색 실로 바꿉니다.
6단　짧은뜨기 12 [12코]
7단　(짧은뜨기 3, 늘리기) × 3 [15코]
8단　짧은뜨기 15 [15코]
9단　(짧은뜨기 4, 늘리기) × 3 [18코]
10단　짧은뜨기 18 [18코]
11단　(짧은뜨기 5, 늘리기) × 3 [21코]
12-15단　짧은뜨기 21 [21코]

바느질하기 위해 실을 길게 남기고 자른 뒤 마무리를 합니다. 귀에는 솜을 채우지 않아요. 오프화이트색 실로 귀 안쪽에 줄무늬를 수놓습니다. 귀를 편평하게 펴서 바느질로 연결합니다.

꼬리

(오프화이트로 시작, 원형뜨기)

1단　실고리로 원형코 만들기, 짧은뜨기 6 [6코]
2단　(늘리기) × 6 [12코]
3단　(짧은뜨기 1, 늘리기) × 6 [18코]
4단　(짧은뜨기 2, 늘리기) × 6 [24코]
5단　짧은뜨기 24 [24코]
6단　(짧은뜨기 3, 늘리기) × 6 [30코]
7단　짧은뜨기 30 [30코]
8단　(짧은뜨기 4, 늘리기) × 6 [36코]
9-11단　짧은뜨기 36 [36코]
테라코타색 실로 바꿉니다.
12-16단　짧은뜨기 36 [36코]
17단　(짧은뜨기 7, 줄이기) × 4 [32코]
18-19단　짧은뜨기 32 [32코]

20단　(짧은뜨기 6, 줄이기) × 4 [28코]
21-22단　짧은뜨기 28 [28코]
23단　(짧은뜨기 5, 줄이기) × 4 [24코]
24-25단　짧은뜨기 24 [24코]
26단　(짧은뜨기 4, 줄이기) × 4 [20코]
27-28단　짧은뜨기 20 [20코]
29단　(짧은뜨기 3, 줄이기) × 4 [16코]
30-31단　짧은뜨기 16 [16코]
32단　(짧은뜨기 2, 줄이기) × 4 [12코]
33-34단　짧은뜨기 12 [12코]

바느질하기 위해 실을 길게 남기고 자른 뒤 마무리를 합니다. 꼬리에 솜을 채웁니다. 꼬리를 몸통의 뒷면 32-33단 사이에 바느질하여 붙입니다.

나비넥타이

(흑회색으로 시작)

사슬뜨기 40. 사슬코가 꼬이지 않도록 주의하면서 코바늘을 첫 번째 사슬코에 넣고 빼뜨기를 하여 기초사슬코를 연결합니다. 계속해서 흑회색과 연한 아쿠아블루색 실로 자카드 무늬 나선형 뜨기를 합니다(그림 도안 참조).

1-13단 짧은뜨기 40 [40코]

가운데 끈

(흑회색)

사슬뜨기 17코. 사슬코 연결을 하지 않아요.

1단 코바늘로부터 두 번째 사슬에서 시작하여 짧은뜨기 16 [16코]

바느질하기 위해 실을 길게 남기고 자른 뒤 마무리를 합니다. 나비넥타이 모양을 만들고, 넥타이 중간에 가운데 끈을 바느질하여 고정합니다. 나비넥타이를 목에 바느질하여 붙입니다.

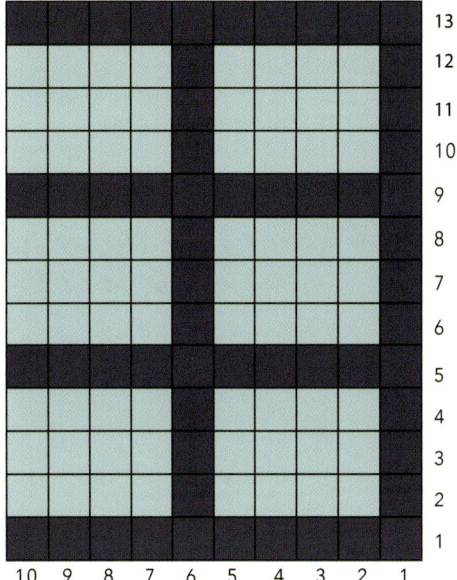

어린 양 아다

아다를 키워준 분은 이탈리아 출신의 할머니인데, 오페라광이랍니다. 처음에는 그렇게 시끄럽게 노래하는 것을 어떻게 좋아할 수 있는지 이해가 되지 않았지만, 이제는 아다 본인도 음악과 오페라를 사랑하게 되었답니다. 할머니가 어릴 때 보았던 디즈니 만화영화 〈실리 심포니스(Silly Symphonies)〉를 아다에게 보여준 것이 계기가 되었죠. 그리고 다음 이야기는 알려진 그대로입니다. 아다는 가장 어린 양 오케스트라 지휘자가 되었을 뿐만 아니라 엄청난 에너지와 열정으로 전 세계 콘서트홀을 사로잡은 재능 있는 소프라노 가수가 되었습니다. 아다는 적어도 일 년에 한 번은 가장 좋아하는 활동을 즐깁니다. 이탈리아로 가서 할머니와 함께 앉아 아페리티프를 마시면서 만화영화를 보는 것이죠.

 QR코드를 스캔하면 다양한 피카파우 친구들을 만날 수 있습니다.

난이도 ★

키
20cm(제시된 실로 떴을 때, 귀 포함)

재료
- 우스티드 실: 오프화이트, 파스텔핑크, 검은색 약간
- 핑거링 실: 오프화이트, 파스텔핑크, 녹색
- 코바늘 C-2/2.75mm, D-3/3.25mm
- 검은색 나사형 인형눈(10mm)
- 솜

필요한 기술 실고리로 원형코 만들기(32쪽), 기초사슬코로 타원형뜨기(34쪽), 원형단을 시작하면서 색깔 바꾸기(35쪽), 평면뜨기, 몸통을 네 부분으로 나누기(158쪽), 자수(38쪽), 연결하기(39쪽)

머리

(오프화이트, 원형뜨기)
1단 실고리로 원형코 만들기, 짧은뜨기 6 [6코]
2단 (늘리기) × 6 [12코]
3단 (짧은뜨기 1, 늘리기) × 6 [18코]
4단 (짧은뜨기 2, 늘리기) × 6 [24코]
5단 짧은뜨기 24 [24코]
6단 (짧은뜨기 5, 늘리기) × 4 [28코]
7단 짧은뜨기 28 [28코]
8단 (짧은뜨기 6, 늘리기) × 4 [32코]
9단 짧은뜨기 32 [32코]
10단 (짧은뜨기 7, 늘리기) × 4 [36코]
11단 짧은뜨기 36 [36코]
12단 (짧은뜨기 8, 늘리기) × 4 [40코]
13단 짧은뜨기 40 [40코]
14단 (짧은뜨기 9, 늘리기) × 4 [44코]
15-20단 짧은뜨기 44 [44코]
검은색 실로 코와 입을 수놓습니다. 14-15단 사이에, 18코 간격을 두고 나사형 인형눈을 끼웁니다.
파스텔핑크색 실로 볼을 수놓습니다.

21단 (짧은뜨기 9, 줄이기) × 4 [40코]
22단 짧은뜨기 40 [40코]
23단 (짧은뜨기 8, 줄이기) × 4 [36코]
24단 (짧은뜨기 4, 줄이기) × 6 [30코]
25단 (짧은뜨기 3, 줄이기) × 6 [24코]
머리에 솜을 충분히 채웁니다.
26단 (짧은뜨기 2, 줄이기) × 6 [18코]
27단 (짧은뜨기 1, 줄이기) × 6 [12코]
28단 (줄이기) × 6 [6코]
실을 길게 남기고 자른 뒤 마무리를 합니다. 남긴 실을 돗바늘에 꿰어 남은 각 코의 앞고리에 통과시킨 뒤 세게 잡아당겨서 구멍을 막습니다. 실 끝을 보이지 않게 정리합니다.

몸통

(오프화이트)
목에서 시작합니다. 사슬뜨기 18. 사슬코가 꼬이지 않도록 주의하면서 코바늘을 첫 번째 사슬코에 넣고 빼뜨기를 하여 기초사슬코를 연결합니다. 계속해서 나선형 뜨기를 합니다.

1-2단 짧은뜨기 18 [18코]
3단 짧은뜨기 8, (늘리기) × 2, 짧은뜨기 8 [20코]
4단 짧은뜨기 20 [20코]
5단 사슬뜨기 15. 다음에 만들 코에 스티치마커를 끼웁니다. 이곳이 다음 단의 시작점입니다. 사슬코로 돌아가서 코바늘로부터 두 번째 사슬에서 늘리기, 짧은뜨기 13, 기초사슬코의 시작 코에서 짧은뜨기 1, 이어서 목에 짧은뜨기 20, 이어서 사슬코의 맞은편 고리에 짧은뜨기 13, 늘리기 [51코]
6단 짧은뜨기 1, 늘리기, 짧은뜨기 22, 늘리기, 짧은뜨기 1, 늘리기, 짧은뜨기 23, 늘리기 [55코]
7단 늘리기, 짧은뜨기 1, 늘리기, 짧은뜨기 50, 늘리기, 짧은뜨기 1 [58코]
8단 짧은뜨기 1, 늘리기, 짧은뜨기 2, 늘리기, 짧은뜨기 23, 늘리기, 짧은뜨기 2, 늘리기, 짧은뜨기 24, 늘리기, 짧은뜨기 1 [63코]
9단 짧은뜨기 1, 늘리기, 짧은뜨기 3, 늘리기, 짧은뜨기 54, 늘리기, 짧은뜨기 2 [66코]
10-18단 짧은뜨기 66 [66코]

다리

코를 나누어 다리 4개를 만듭니다.

첫 번째 뒷다리

먼저, 몸통 뒷면의 가운데 코를 찾습니다. 현재 그 위치에 있지 않다면, 코를 더 떠서 가운데 코까지 갑니다.
짧은뜨기 2. 다음에 만들 코에 스티치마커를 끼웁니다.
짧은뜨기 10, 사슬뜨기 8. 마지막 코와 스티치마커가 끼워진 코를 빼뜨기로 연결합니다.
이 다리는 몸통의 10코와 사슬 8코의 기초사슬코로 만듭니다. 계속해서 첫 번째 뒷다리를 원형뜨기로 뜹니다.

1단 짧은뜨기 18(몸통의 10코와 기초사슬코의 8코) [18코]
2-3단 짧은뜨기 18 [18코]
4단 짧은뜨기 16, 줄이기 [17코]
5단 짧은뜨기 17 [17코]
6단 짧은뜨기 15, 줄이기 [16코]
7단 짧은뜨기 16 [16코]
8단 짧은뜨기 14, 줄이기 [15코]
9-10단 짧은뜨기 15 [15코]
11단 (짧은뜨기 1, 줄이기) × 5 [10코]
12단 (줄이기) × 5 [5코]

실을 길게 남기고 자른 뒤 마무리를 합니다. 남긴 실을 돗바늘에 꿰어 남은 각 코의 앞고리에 통과시킨 뒤 세게 잡아당겨서 구멍을 막습니다. 실 끝을 보이지 않게 정리합니다.

첫 번째 앞다리

첫 번째 뒷다리로부터 9코를 세고(이 9코 부분은 복부가 됩니다), 10번째 코에 오프화이트색 실을 연결합니다.
짧은뜨기 10, 사슬뜨기 8, 마지막 코와 첫 번째 코를 빼뜨기로 연결합니다.
1-12단 첫 번째 뒷다리의 1-12단을 반복합니다.

두 번째 앞다리

첫 번째 앞다리의 왼쪽으로 4코를 세고(이 4코 부분은 두 앞다리 사이의 공간입니다), 다섯 번째 코에 오프화이트색 실을 연결합니다.
짧은뜨기 10, 사슬뜨기 8, 마지막 코와 첫 번째 코를 빼뜨기로 연결합니다.
1-12단 첫 번째 뒷다리의 1-12단을 반복합니다.

두 번째 뒷다리

두 번째 앞다리의 왼쪽에서 9코를 세고(이 부분은 복부입니다), 10번째 코에 오프화이트 실을 연결합니다.
짧은뜨기 10, 사슬뜨기 8, 마지막 코와 첫 번째 코를 빼뜨기로 연결합니다.
1-12단 첫 번째 뒷다리의 1-12단을 반복합니다.

복부

앞다리와 뒷다리 사이 좌우에 9코 공간과 앞다리 사이와 뒷다리 사이에 4코 공간이 있습니다. 이 코들로 뚜껑을 떠서 복부를 만듭니다. 먼저 9코 공간에서 시작합니다. 첫 번째 다리 옆의 첫 코에 오프화이트색 실을 연결하여 평면뜨기를 합니다.

1-12단 짧은뜨기 9, 사슬뜨기 1, 방향 바꾸기. [9코]
바느질하기 위해 실을 길게 남기고 자른 뒤 마무리를 합니다.

뒷(앞)다리 사이의 뚜껑

뒷다리 사이의 뚜껑을 뜨기 위해 마지막으로 만든 다리 옆의 첫 코에
오프화이트색 실을 연결하여 평면뜨기를 합니다.

1-4단 짧은뜨기 4, 사슬뜨기 1, 방향 바꾸기. [4코]

바느질하기 위해 실을 길게 남기고 자른 뒤 마무리를 합니다. 앞다리 사이의
뚜껑도 같은 방식으로 만듭니다.

몸통 연결하기

돗바늘을 이용하여 앞다리 뚜껑을 두 앞다리에, 뒷다리 뚜껑을 두 뒷다리에
바느질하여 붙입니다. 각 다리에 솜을 충분히 채웁니다. 넓은 복부 뚜껑을 맞은편
옆면에 바느질하여 붙입니다. 그리고 복부 뚜껑을 두 앞다리와 그 사이의 뚜껑,
두 뒷다리와 그 사이의 뚜껑에 연결하면서 몸통에 솜을 채웁니다. 머리를 몸통에
바느질하여 붙입니다.

귀

(2개, 오프화이트색으로 시작, 원형뜨기)
1단 실고리로 원형코 만들기, 짧은뜨기 6 [6코]
2단 짧은뜨기 6 [6코]
계속해서 오프화이트색과 파스텔핑크색 실을 번갈아가며 뜹니다. 괄호에 제시된 색으로 그 뒷부분을 뜨면 됩니다.
3단 (오프화이트) (짧은뜨기 1, 늘리기) × 2, (파스텔핑크) 짧은뜨기 1, 늘리기 [9코]
4단 (오프화이트) (짧은뜨기 2, 늘리기) × 2, (파스텔핑크) 짧은뜨기 2, 늘리기 [12코]
5단 (오프화이트) (짧은뜨기 3, 늘리기) × 2, (파스텔핑크) 짧은뜨기 3, 늘리기 [15코]
6단 (오프화이트) (짧은뜨기 4, 늘리기) × 2, (파스텔핑크) 짧은뜨기 4, 늘리기 [18코]
7-14단 (오프화이트) 짧은뜨기 12, (파스텔핑크) 짧은뜨기 6 [18코]
15단 (오프화이트) (짧은뜨기 4, 줄이기) × 2, (파스텔핑크) 짧은뜨기 4, 줄이기 [15코]
16단 (오프화이트) (짧은뜨기 3, 줄이기) × 3 [12코]
바느질하기 위해 실을 길게 남기고 자른 뒤 마무리를 합니다. 귀에는 솜을 채우지 않아요. 귀를 편평하게 펴서 끝단을 반으로 접어 머리 꼭대기에 바느질하여 붙입니다.

고리

(오프화이트, 원형뜨기)
1단 실고리로 원형코 만들기, 짧은뜨기 6 [6코]
2-5단 짧은뜨기 6 [6코]
바느질하기 위해 실을 길게 남기고 자른 뒤 마무리를 합니다. 솜은 채우지 않아요.

망토

(핑거링 실, 녹색 2가닥, D-3.25㎜ 코바늘 사용)
사슬뜨기 33. 평면뜨기 합니다.
1단 코바늘로부터 두 번째 사슬에서 시작하여 짧은뜨기 32, 사슬뜨기 2, 방향 바꾸기. [32코]
2단 (긴뜨기 7, 긴뜨기 늘리기) × 4, 사슬뜨기 2, 방향 바꾸기. [36코]
3단 (긴뜨기 8, 긴뜨기 늘리기) × 4, 사슬뜨기 2, 방향 바꾸기. [40코]
4단 (긴뜨기 9, 긴뜨기 늘리기) × 4, 사슬뜨기 2, 방향 바꾸기. [44코]
5단 (긴뜨기 10, 긴뜨기 늘리기) × 4, 사슬뜨기 2, 방향 바꾸기. [48코]
6단 (긴뜨기 11, 긴뜨기 늘리기) × 4, 사슬뜨기 2, 방향 바꾸기. [52코]
7단 (긴뜨기 12, 긴뜨기 늘리기) × 4, 사슬뜨기 2, 방향 바꾸기. [56코]
8단 (긴뜨기 13, 긴뜨기 늘리기) × 4, 사슬뜨기 2, 방향 바꾸기. [60코]
9단 (긴뜨기 14, 긴뜨기 늘리기) × 4, 사슬뜨기 2, 방향 바꾸기. [64코]
10단 긴뜨기 4, 사슬뜨기 10, 10코 건너뛰기, 긴뜨기 1, 긴뜨기 늘리기, (긴뜨기 15, 긴뜨기 늘리기) × 2, 긴뜨기 2, 사슬뜨기 10, 10코 건너뛰기, 긴뜨기 3, 긴뜨기 늘리기, 사슬뜨기 2, 방향 바꾸기. [68코]
11단 긴뜨기 68, 사슬뜨기 2, 방향 바꾸기. [68코]
12단 (긴뜨기 16, 긴뜨기 늘리기) × 4, 사슬뜨기 2, 방향 바꾸기. [72코]
13단 긴뜨기 72 [72코]
방향을 바꾸지 않고 사슬뜨기 1, 망토의 한쪽 단 끝 밑에서 위쪽으로 짧은뜨기(약 13코), 사슬뜨기 21(망토 끈), 코바늘로부터 두 번째 사슬에서 시작하여 빼뜨기 20, 기초사슬코의 시작 코에서 짧은뜨기 1, 이어서 네크라인에서 짧은뜨기 32, 사슬뜨기 21(망토 끈), 코바늘로부터 두 번째 사슬에서 시작하여 빼뜨기 20, 기초사슬코의 시작 코에서 짧은뜨기 1, 다른 쪽의 단 끝에서 아래쪽으로 짧은뜨기(약 13코), 망토 13단 전체에서 빼뜨기 72.
실을 자르고 마무리를 한 뒤, 실 끝을 보이지 않게 정리합니다.

러플 칼라

(핑거링 실, 파스텔핑크 2가닥, D-3/3.25㎜ 코바늘 사용)
망토의 겉면을 앞에 놓고, 네크라인 한쪽 끝에서 코바늘을 넣어 파스텔핑크 실을 연결합니다. 평면뜨기 합니다.
1단 짧은뜨기 32, 사슬뜨기 2, 방향 바꾸기. [32코]
계속해서 파스텔핑크 3코, 오프화이트 1코를 만들면서 태피스트리 뜨기로 스트라이프 패턴을 뜹니다.

2단 (긴뜨기 늘리기) × 32, 사슬뜨기 2, 방향 바꾸기. [64코]
계속해서 오프화이트 1코, 파스텔핑크 3코를 만들면서 스트라이프 패턴을 뜹니다.
3단 (긴뜨기 1, 긴뜨기 늘리기) × 32 [96코]
실을 자르고 마무리를 한 뒤, 실 끝을 보이지 않게 정리합니다.

사슴 엘레나

엘레나는 친구인 호랑이 니라가 독창적인 원단을 만들 수 있도록 모든 시스템의 프로그램을 만드는 IT 프리랜서 입니다. 일하지 않을 때에는 비디오 게임을 프로그래밍하면서 큰 쾌감을 느낍니다. 비디오 게임 프로그래밍이야말로 엘레나가 진짜 열정적으로 하는 일이죠. 다른 이들은 엘레나에게 친절하고 사랑스러운 사슴을 기대합니다. 비디오 게임에서 엘레나는 다른 이들이 바라는 것과 상관 없이 자신이 원하는 무엇이든 될 수 있어서 좋아요. 바쁜 실험실 근무로 스트레스를 받은 엘레나는 재충전을 위해 두 달 동안 휴직을 하고 부엉이 뉴턴, 자신의 소울 메이트인 가젤 오드리와 함께 재미있는 새 게임을 만들기로 했답니다.

 QR코드를 스캔하면 다양한 피카파우 친구들을 만날 수 있습니다.

난이도 ★

키
32㎝(제시된 실로 떴을 때, 귀 포함)

재료
- 우스티드 실: 밍크브라운, 오프화이트, 검은색, 산호색, 파스텔핑크 약간, 선홍색, 새먼핑크, 노란색 약간
- 코바늘 C-2/2.75㎜
- 검은색 나사형 인형눈(8mm)
- 솜

필요한 기술 실고리로 원형코 만들기(32쪽), 기초사슬코로 타원형뜨기(34쪽), 평면뜨기, 원형단을 시작하면서 색깔 바꾸기(35쪽), 도안에 따라 태피스트리 뜨기(36쪽), 몸통을 네 부분으로 나누기(158쪽), 자수(38쪽), 연결하기(39쪽)

머리

(검은색으로 시작, 원형뜨기)
1단 실고리로 원형코 만들기, 짧은뜨기 6 [6코]
2단 (늘리기) × 6 [12코]
3단 (짧은뜨기 1, 늘리기) × 6 [18코]
4-5단 짧은뜨기 18 [18코]
오프화이트색 실로 바꿉니다.
6단 짧은뜨기 18 [18코]
7단 (짧은뜨기 2, 늘리기) × 6 [24코]
8-9단 짧은뜨기 24 [24코]
밍크브라운색 실로 바꿉니다.
10단 짧은뜨기 9, (늘리기) × 6, 짧은뜨기 9 [30코]
11단 짧은뜨기 30 [30코]
12단 짧은뜨기 10, (늘리기, 짧은뜨기 1) × 6, 짧은뜨기 8 [36코]
13-14단 짧은뜨기 36 [36코]
15단 짧은뜨기 11, (늘리기, 짧은뜨기 2) × 6, 짧은뜨기 7 [42코]
16-17단 짧은뜨기 42 [42코]
18단 (짧은뜨기 6, 늘리기) × 6 [48코]
19단 짧은뜨기 18, 늘리기, 짧은뜨기 10, 늘리기, 짧은뜨기 18 [50코]
20-25단 짧은뜨기 50 [50코]
18-19단 사이에, 18코 간격을 두고 나사형 인형눈을 끼웁니다.
파스텔핑크색 실로 눈 아래에 볼을, 오프화이트색 실로 머리에 흰색 선을 수놓습니다.
26단 짧은뜨기 18, 줄이기, 짧은뜨기 10, 줄이기, 짧은뜨기 18 [48코]
27단 (짧은뜨기 6, 줄이기) × 6 [42코]

28단 짧은뜨기 42 [42코]
29단 (짧은뜨기 5, 줄이기) × 6 [36코]
30단 (짧은뜨기 4, 줄이기) × 6 [30코]
31단 (짧은뜨기 3, 줄이기) × 6 [24코]
머리에 솜을 충분히 채웁니다.
32단 (짧은뜨기 2, 줄이기) × 6 [18코]
33단 (짧은뜨기 1, 줄이기) × 6 [12코]
34단 (줄이기) × 6 [6코]

실을 길게 남기고 자른 뒤 마무리를 합니다. 남긴 실을 돗바늘에 꿰어 남은 각 코의 앞고리에 통과시킨 뒤 세게 잡아당겨서 구멍을 막습니다. 실 끝을 보이지 않게 정리합니다.

몸통

(밍크브라운색으로 시작)
목에서 시작합니다. 사슬뜨기 20. 사슬코가 꼬이지 않도록 주의하면서 코바늘을 첫 번째 사슬코에 넣고 빼뜨기를 하여 기초사슬코를 연결합니다. 계속해서 나선형 뜨기를 합니다.
1-2단 짧은뜨기 20 [20코]
3단 짧은뜨기 9, (늘리기) × 2, 짧은뜨기 9 [22코]
4단 짧은뜨기 22 [22코]
5단 짧은뜨기 10, 늘리기, 짧은뜨기 1, 늘리기, 짧은뜨기 9 [24코]
6단 짧은뜨기 1, 사슬뜨기 14. 다음에 만들 코에 스티치마커를 끼웁니다. 이곳이 다음 단의 시작점입니다. 사슬코로 돌아가서 코바늘로부터 두 번째 사슬에서 늘리기, 짧은뜨기 12, 기초사슬코가 시작된 코에 짧은뜨기 1, 이어서 목에 짧은뜨기 24, 이어서 사슬코의 맞은편 고리에 짧은뜨기 12, 늘리기 [53코]
7단 (늘리기) × 2, 짧은뜨기 23, 늘리기, 짧은뜨기 2, 늘리기, 짧은뜨기 22, (늘리기) × 2 [59코]
8단 (짧은뜨기 1, 늘리기) × 2, 짧은뜨기 52, 늘리기, 짧은뜨기 1, 늘리기 [63코]
9단 짧은뜨기 1, 늘리기, 짧은뜨기 2, 늘리기, 짧은뜨기 25, 늘리기, 짧은뜨기 3, 늘리기, 짧은뜨기 24, 늘리기, 짧은뜨기 2, 늘리기 [69코]
10단 늘리기, 짧은뜨기 4, 늘리기, 짧은뜨기 58, 늘리기, 짧은뜨기 4 [72코]
11-20단 짧은뜨기 72 [72코]

다리

코를 나누어 다리 4개를 만듭니다.

첫 번째 뒷다리

먼저, 사슴 몸통 뒷면의 가운데 코를 찾습니다. 현재 그 위치에 있지 않다면, 코를 더 떠서 가운데 코까지 갑니다.
짧은뜨기 2. 다음에 만들 코에 스티치마커를 끼웁니다.
짧은뜨기 10, 사슬뜨기 8. 마지막 코와 스티치마커가 끼워진 코를 빼뜨기로 연결합니다.
이 다리는 몸통의 10코와 사슬 8코의 기초사슬코로 만듭니다. 계속해서 첫 번째 뒷다리를 원형뜨기로 뜹니다.
1단 짧은뜨기 18(몸통의 10코와 기초사슬코의 8코) [18코]
2-4단 짧은뜨기 18 [18코]
5단 짧은뜨기 16, 줄이기 [17코]
6단 짧은뜨기 17 [17코]
7단 짧은뜨기 15, 줄이기 [16코]
8단 짧은뜨기 16 [16코]
9단 짧은뜨기 14, 줄이기 [15코]
10단 짧은뜨기 15 [15코]
오프화이트색 실로 바꿉니다.
11단 짧은뜨기 13, 줄이기 [14코]
12단 짧은뜨기 14 [14코]
13단 짧은뜨기 12, 줄이기 [13코]
14단 짧은뜨기 13 [13코]
검은색 실로 바꿉니다.
15단 짧은뜨기 11, 줄이기 [12코]
16-17단 짧은뜨기 12 [12코]
18단 (줄이기) × 6 [6코]

실을 길게 남기고 자른 뒤 마무리를 합니다. 남긴 실을 돗바늘에 꿰어 남은 각 코의 앞고리에 통과시킨 뒤 세게 잡아당겨서 구멍을 막습니다. 실 끝을 보이지 않게 정리합니다.

첫 번째 앞다리

첫 번째 뒷다리로부터 12코를 세고(이 12코 부분은 복부가 됩니다), 13번째 코에
밍크브라운색 실을 연결합니다.
짧은뜨기 10, 사슬뜨기 8, 마지막 코와 첫 번째 코를 빼뜨기로 연결합니다.
1-18단 첫 번째 뒷다리의 1-18단을 반복합니다.

두 번째 앞다리

첫 번째 앞다리의 왼쪽으로 4코를 세고(이 4코 부분은 두 앞다리 사이의
공간입니다), 다섯 번째 코에 밍크브라운색 실을 연결합니다.
짧은뜨기 10, 사슬뜨기 8, 마지막 코와 첫 번째 코를 빼뜨기로 연결합니다.
1-18단 첫 번째 뒷다리의 1-18단을 반복합니다.

두 번째 뒷다리

두 번째 앞다리의 왼쪽에서 12코를 세고(이 부분은 복부입니다), 13번째 코에
밍크브라운색 실을 연결합니다.
짧은뜨기 10, 사슬뜨기 8, 마지막 코와 첫 번째 코를 빼뜨기로 연결합니다.
1-18단 첫 번째 뒷다리의 1-18단을 반복합니다.

복부

앞다리와 뒷다리 사이 좌우에 12코 공간과 앞다리 사이와 뒷다리 사이에 4코
공간이 있습니다. 이 코들로 뚜껑을 떠서 복부를 만듭니다. 먼저 12코 공간에서
시작합니다. 첫 번째 다리 옆의 첫 코에 밍크브라운색 실을 연결하여 평면뜨기를
합니다.
1-12단 짧은뜨기 12, 사슬뜨기 1, 방향 바꾸기. [12코]
바느질하기 위해 실을 길게 남기고 자른 뒤 마무리를 합니다.

뒷(앞)다리 사이의 뚜껑

뒷다리 사이의 뚜껑을 뜨기 위해 마지막으로 만든 다리 옆의 첫 코에
밍크브라운색 실을 연결하여 평면뜨기를 합니다.
1-4단 짧은뜨기 4, 사슬뜨기 1, 방향 바꾸기. [4코]
바느질하기 위해 실을 길게 남기고 자른 뒤 마무리를 합니다. 앞다리 사이의
뚜껑도 같은 방식으로 만듭니다.

몸통 연결하기

돗바늘을 이용하여 앞다리 뚜껑을 두 앞다리에, 뒷다리 뚜껑을 두
뒷다리에 바느질하여 붙입니다. 각 다리에 솜을 충분히 채웁니다. 넓은
복부 뚜껑을 맞은편 옆면에 바느질하여 붙입니다. 그리고 복부 뚜껑을
두 앞다리와 그 사이의 뚜껑, 두 뒷다리와 그 사이의 뚜껑에 연결하면서
몸통에 솜을 채웁니다. 머리를 몸통에 바느질하여 붙입니다.

꼬리

(밍크브라운, 원형뜨기)

1단 실고리로 원형코 만들기, 짧은뜨기 5 [5코]
2단 짧은뜨기 5 [5코]
3단 (늘리기) × 5 [10코]
4단 짧은뜨기 10 [10코]
5단 (짧은뜨기 1, 늘리기) × 5 [15코]
6단 짧은뜨기 15 [15코]
7단 (짧은뜨기 3, 줄이기) × 3 [12코]
바느질하기 위해 실을 길게 남기고 자른 뒤 마무리를 합니다. 편물을
편평하게 펴서 바느질하여 붙입니다. 꼬리에는 솜을 채우지 않아도 됩니다.

보닛 모자

(산호색, 평면뜨기)

사슬뜨기 40.

1단 코바늘에서 세 번째 코에서 시작하여 긴뜨기 38, 사슬뜨기 2, 방향 바꾸기. [38코]

2단 긴뜨기 38, 사슬뜨기 2, 방향 바꾸기. [38코]

3단 긴뜨기 9, 사슬뜨기 6, 6코 건너뛰기, 긴뜨기 8, 사슬뜨기 6, 6코 건너뛰기, 긴뜨기 9, 사슬뜨기 2, 방향 바꾸기. [38코]

4-6단 긴뜨기 38, 사슬뜨기 1, 방향 바꾸기. [38코]

7단 긴뜨기 18, (긴뜨기 늘리기) × 2, 긴뜨기 18, 사슬뜨기 2, 방향 바꾸기. [40코]

8단 긴뜨기 19, (긴뜨기 늘리기) × 2, 긴뜨기 19, 사슬뜨기 1, 방향 바꾸기. [42코]

9단 짧은뜨기 10, 긴뜨기 22, 짧은뜨기 10 [42코]

방향을 바꾸지 않고 사슬뜨기 1, 한쪽 단 옆면에 짧은뜨기(약 12코), 사슬뜨기 1. 이어서 1단의 밑면 전체에서 짧은뜨기 38, 사슬뜨기 1, 다른 쪽의 단 옆면에 짧은뜨기(약 12코).

모자를 반으로 접어 9단의 윗면 각 코에서 느슨하게 빼뜨기. 이때 편물이 두 겹이 되어 코가 겹치는데, 코바늘을 뜨는 사람에게서 안쪽 코의 뒷고리와 바깥쪽 코의 앞고리에 넣어 뜹니다. 실을 자르고 마무리를 합니다. 새먼핑크색 실로 지름 5㎝의 폼폼을 만들어 모자 정수리 끝에 붙입니다.

귀

(2개, 밍크브라운, 원형뜨기)

1단 실고리로 원형코 만들기, 짧은뜨기 6 [6코]

2단 (늘리기) × 6 [12코]

3단 짧은뜨기 12 [12코]

4단 (짧은뜨기 1, 늘리기) × 6 [18코]

5-6단 짧은뜨기 18 [18코]

7단 (짧은뜨기 2, 늘리기) × 6 [24코]

8-11단 짧은뜨기 24 [24코]

12단 (짧은뜨기 6, 줄이기) × 3 [21코]

13-14단 짧은뜨기 21 [21코]

15단 (짧은뜨기 5, 줄이기) × 3 [18코]

16-17단 짧은뜨기 18 [18코]

바느질하기 위해 실을 길게 남기고 자릅니다. 귀 안쪽에 오프화이트색 실로 줄무늬를 수놓습니다. 귀에는 솜을 채우지 않아요. 편물을 편평하게 펴고 끝단을 반으로 접어 머리 위에 바느질하여 붙입니다.

담요

주의 담요는 아래 도안에 따라 태피스트리 뜨기 기법을 사용하여 만듭니다. 이 기법에 자신이 없으면, 단색 또는 단순한 스트라이프 패턴으로 떠도 됩니다.

(오프화이트색으로 시작, 평면뜨기)

사슬뜨기 31. 계속해서 오프화이트색과 파스텔핑크색, 선홍색 실을 이용하여 태피스트리 기법으로 깅엄 패턴을 뜹니다(그림 도안 참조).

1단 코바늘로부터 두 번째 사슬에서 시작하여 짧은뜨기 30, 사슬뜨기 1, 방향 바꾸기. [30코]

2-10단 짧은뜨기 30, 사슬뜨기 1, 방향 바꾸기. [30코]

방향을 바꾸지 않고, 오프화이트색 실로 담요 가장자리에 빼뜨기.
실을 자르고 마무리한 뒤 실 끝을 보이지 않게 정리합니다.

담요 끈

(노란색, 평면뜨기)

사슬뜨기 24.

1단 코바늘로부터 두 번째 사슬에서 시작하여 짧은뜨기 23, 사슬뜨기 1, 방향 바꾸기. [23코]

2-4단 짧은뜨기 23, 사슬뜨기 1, 방향 바꾸기. [23코]

바느질하기 위해 실을 길게 남기고 자른 뒤 마무리를 합니다.
끈의 끝을 담요에 바느질하여 붙입니다.

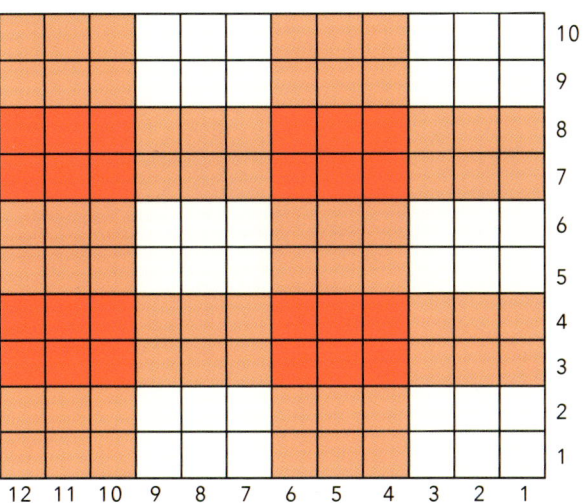

감사의 글

먼저 사랑하는 가족에게 감사드립니다. 가장 열렬한 팬이자 날카로운 비평가이기도 한 아이들, 남편이자 가장 좋은 친구인 고로스에게 고마운 마음을 전합니다(포기하고 싶을 때마다, 계속하라고 격려해준 그의 말이 제 머릿속에서 맴돌았어요). 또 고로스는 꽤 근사한 사진을 찍을 수 있게 카메라를 설치하는 법도 가르쳐주었어요.

뜨개실 만들기라는 새롭고 무모한 모험에 함께해준 파트너 루카스에게 감사합니다. 저 못지않게 이 계획에 열광하고, (어른스럽게, 또 사업가답게) 제가 좋아하지 않는 일을 모두 신경 쓰는 한편 저를 믿어주었죠.

편집자인 조크와 도라에게 감사합니다. 두 사람은 제 아이디어를 끊임없이 지지해주고, 즉흥적인 생각을 모두 들어주고, 제 생각을 글로 옮길 때 좀 더 읽기 쉽게 만들어주었습니다.

그리고 패턴을 시험 제작하여 패턴 준비를 도와준 모든 분께도 감사합니다. 그분들이 완성한 인형을 처음 보고는 정말 흥분하는 한편 가슴이 뭉클했어요. 이 책이 저에게 '실제로 존재'하게 된 순간이었습니다. 정말 소중한 도움 주셔서 감사합니다.

그리고 이 책을 읽어주시는 여러분 모두에게 감사드린다는 말은 아무리 많이 말해도 부족할 거예요. 제 글을 읽고, 저에게 격려와 사랑을 보내주고, 제 문제를 걱정해주고, 직접 만든 멋진 작품을 품에 안은 사랑하는 사람의 사진을 올려준 여러분 감사합니다.

고맙고 또 고맙습니다.